广东省高等职业教育质量年度报告(2021)

编 委 会

顾　　问：傅湘龙　吴艳玲　张坚雄

主　　编：李海东　杜怡萍

编　　委：邓文辉　黄文伟　万　达　关怀庆　李小娃
　　　　　冯天祥　张松华　李海东　朱　强　潘伟洪
　　　　　林亮景　赵　静　张宏仁　张奇志　何　静
　　　　　林　红　胡昌送　王溪若　孙宏伟　易峥英
　　　　　雷志成　张等菊　叶剑芯

广东省高等职业教育
质量年度报告（2021）

广东省教育厅 编

广东高等教育出版社
Guangdong Higher Education Press

·广州·

图书在版编目（CIP）数据

广东省高等职业教育质量年度报告. 2021 / 广东省教育厅编. —广州：广东高等教育出版社，2021.6

ISBN 978－7－5361－7012－4

Ⅰ．①广… Ⅱ．①广… Ⅲ．①高等职业教育–教育质量–研究报告–广东–2021 Ⅳ．①G718.5

中国版本图书馆CIP数据核字（2021）第084163号

GUANGDONG SHENG GAODENG ZHIYE JIAOYU ZHILIANG NIANDU BAOGAO（2021）

出版发行	广东高等教育出版社
	地　址：广州市天河区林和西横路
	邮政编码：510500　电话：（020）87551597　87551077
	http：//www.gdgjs.com.cn
印　　刷	广州永祥印务有限公司
开　　本	787毫米×1092毫米　1/16
印　　张	6
字　　数	142千
版　　次	2021年6月第1版
印　　次	2021年6月第1次印刷
定　　价	30.00元

目 录

1　特色亮点

1.1　众志成城战疫，停课不停学 ……………………………………… 1
1.2　搭平台建园区，服务"双区"建设 …………………………………… 2
1.3　培养培训并举，助力"三项"工程 …………………………………… 2
1.4　产教深度融合，打造校企共同体 …………………………………… 3
1.5　创新强校工程，推动提质培优 ……………………………………… 4
1.6　加快职教城建设，助力扩招翻番 …………………………………… 5

2　抗疫行动

2.1　科学统筹，党委定方略抓抗疫 ……………………………………… 6
　　2.1.1　全面部署疫情防控工作 ……………………………………… 6
　　2.1.2　统筹安排抗疫行动 …………………………………………… 7
2.2　精心部署，复学复工复产勇担当 …………………………………… 8
　　2.2.1　技术支持教育教学改革 ……………………………………… 8
　　2.2.2　践行使命彰显医学精神 ……………………………………… 8
　　2.2.3　抗疫志愿服务形式多样 ……………………………………… 9
　　2.2.4　学生实习助力复工复产 ……………………………………… 9
　　2.2.5　技术研发提高区域产能 ……………………………………… 9

2.3 关爱生命，弘扬抗疫精神强斗志 ·· 10
    2.3.1 心理疏导缓解精神压力 ·· 10
    2.3.2 艺术讴歌鼓舞共克时艰 ·· 11

3 发展概况

3.1 党建引领 ··· 12
    3.1.1 创建示范，提升党建工作质量 ·· 12
    3.1.2 齐抓共管，构建"大思政"格局 ··· 13
    3.1.3 立德铸魂，锤炼学生党员育新人 ··· 14
3.2 办学情况 ··· 15
    3.2.1 办学规模有效扩大 ··· 15
    3.2.2 布局结构更加合理 ··· 16
    3.2.3 办学条件不断改善 ··· 17
3.3 培养质量 ··· 18
    3.3.1 调整专业布局，服务湾区发展 ·· 18
    3.3.2 稳就业为民生，经受疫情考验 ·· 18
    3.3.3 强内涵做贡献，走在全国前列 ·· 19

4 学生发展

4.1 全面发展 ··· 20
    4.1.1 落实立德树人，突出育人实效 ·· 20
    4.1.2 培育工匠精神，凸显大赛水平 ·· 22
    4.1.3 重视美育体育，提高身心素养 ·· 23
    4.1.4 强化劳动教育，弘扬劳模精神 ·· 24
4.2 在校体验 ··· 25
    4.2.1 课程学习有深度，智技并修促发展 ··· 25
    4.2.2 校园管理有温度，满意度稳中有升 ··· 26
    4.2.3 社团活动覆盖广，职业发展个性化 ··· 27
    4.2.4 扶智扶志有力度，贫困学生有资助 ··· 29

4.3 职业发展 ··· 29
  4.3.1 精准施策，稳就业成效显著 ························· 29
  4.3.2 专本协同，本科插班生翻倍 ························· 29
  4.3.3 精细服务，毕业生入伍达标 ························· 30
  4.3.4 决战"双创"，国际大赛显身手 ····················· 31

5 教学改革

5.1 专业建设 ··· 33
  5.1.1 借力"数字化"，助推专业升级改造 ················ 33
  5.1.2 建立标准体系，推动专业提质培优 ··················· 35
  5.1.3 开展试点工作，书证融通双元育人 ··················· 35

5.2 课程改革 ··· 36
  5.2.1 构建思政格局，推进"三全育人" ··················· 37
  5.2.2 利用信息技术，推动课堂革命 ························· 37
  5.2.3 立足工作场景，优化教学过程 ························· 38
  5.2.4 建设优质资源，促进高质量发展 ····················· 39
  5.2.5 运用资历框架，推动教学改革 ························· 42

5.3 师资建设 ··· 43
  5.3.1 思想行动铸魂，强化师德师风建设 ··················· 43
  5.3.2 评价机制创新，引导教师潜心育人 ··················· 44
  5.3.3 工匠精神引领，提升教师"双师"素质 ············ 44

6 产教融合

6.1 产教融合政策引导 ··· 46
  6.1.1 省政府统筹，完善产教融合激励政策 ··············· 46
  6.1.2 地方行动，推进区域城教深度融合 ··················· 46
  6.1.3 院校实践，打造产教融合集聚区域 ··················· 47

6.2 校企合作共建平台 ··· 48
  6.2.1 多元参与，推进职教集团实体化运作 ··············· 48
  6.2.2 校企对接，推动共建产业学院 ························· 50
  6.2.3 产教协同，跨界建立特色职教联盟 ··················· 51

6.3 协同育人成效显著 ··· 52
    6.3.1 企业参与，产业需求融入"三教"改革 ··················· 52
    6.3.2 校企协同，全面推行现代学徒制试点 ······················ 52
    6.3.3 共建共享，校企实现优质资源互补 ·························· 53

7 政策保障

7.1 落实政策 ··· 55
    7.1.1 实施高水平高职院校和专业建设计划 ····················· 55
    7.1.2 推动"提质培优"有效落地 ···································· 55
    7.1.3 高质量完成扩招任务 ··· 56
7.2 专项引导 ··· 56
    7.2.1 服务"双区"建设 ·· 56
    7.2.2 实施"扩容、提质、强服务"三年行动计划 ············ 57
    7.2.3 补齐欠发达地区高等职业教育短板 ·························· 57
7.3 质量保障 ··· 58
    7.3.1 确保疫情期间线上教学质量 ···································· 58
    7.3.2 组织开展适应社会能力需求能力评估 ····················· 58
    7.3.3 加强教学指导专家组织建设 ···································· 59
7.4 经费保障 ··· 59
    7.4.1 加大专项资金投入 ··· 59
    7.4.2 提高生均财政拨款水平 ·· 59

8 国际合作

8.1 走出去 ··· 60
    8.1.1 服务"一带一路"，国际影响力持续提升 ··············· 60
    8.1.2 坚定文化自信，职教辐射力逐渐增强 ····················· 61
8.2 引进来 ··· 62
    8.2.1 汲取先进经验，优质资源利用率持续提高 ·············· 62
    8.2.2 国际人才培养，中国职教贡献率日益凸显 ·············· 62
8.3 共发展 ··· 64
    8.3.1 借助比较优势，构建职教发展共同体 ····················· 64

  8.3.2 融入国际组织，形成国际职教共享面……………………………………65

9 服务贡献

 9.1 服务国家战略………………………………………………………………67
  9.1.1 服务重点领域………………………………………………………67
  9.1.2 勇于担当，助力脱贫攻坚圆满收官………………………………67
  9.1.3 精准施策，服务乡村振兴成效显著………………………………68
  9.1.4 增值赋能，助推中国企业"走出去"………………………………69
 9.2 服务"双区"示范建设……………………………………………………70
  9.2.1 规划项目，深化"双区"发展战略研究……………………………70
  9.2.2 搭建平台，推动"双区"产教融合发展……………………………70
  9.2.3 打造基地，促进湾区文化交流融合………………………………70
 9.3 服务广东创新发展…………………………………………………………71
  9.3.1 立足当地，人才培养助力区域发展………………………………71
  9.3.2 紧扣需求，育训并举服务民生工程………………………………72
  9.3.3 聚焦产业，技术服务助推企业升级………………………………73

10 面临挑战

 10.1 新型冠状病毒肺炎疫情迫使高职院校进一步提质培优 ………………75
 10.2 持续扩招要求高职院校进一步改革培养模式和管理模式 ……………75

附　表

附表1 学生发展…………………………………………………………………77
附表2 办学条件…………………………………………………………………78
附表3 教育教学…………………………………………………………………79
附表4 科研与社会服务…………………………………………………………80
附表5 国际交流…………………………………………………………………80

后　记

图表目录

图 1　2016—2020 年广东省高职院校全日制在校生人数 ………………………… 15

图 2　2020 年广东省高职院校类型结构 ………………………………………………… 16

图 3　2016—2020 年广东省公办、民办高职院校办学规模比较 ………………… 16

图 4　广东省高职院校在校生规模专业大类分布 …………………………………… 17

图 5　广东省高职院校毕业生就业基本情况 ………………………………………… 19

图 6　2019—2020 年线上开设课程数和课均学生数比较 ………………………… 25

图 7　2019—2020 年学生对课程教学满意度比较 ………………………………… 26

图 8　学生对教学工作的满意度 ………………………………………………………… 26

图 9　2019—2020 年学生对学校管理和服务工作满意度比较 …………………… 27

图 10　学生对学校后勤服务工作的满意度 …………………………………………… 27

图 11　学生对社会实践活动等的满意度 ……………………………………………… 28

图 12　2020 年广东省高职院校新增专业点分布 …………………………………… 34

图 13　广东省高职院校共有 218 本教材入选"十三五"职业教育国家规划
　　　教材 ……………………………………………………………………………………… 40

图 14　2019—2020 年广东省高职院校人才供给情况 ……………………………… 72

表 1　广东省高职院校获首批"全国党建工作标杆院系、样板支部"培育创建
　　　单位验收通过名单 …………………………………………………………………… 12

表 2　2018—2020 年广东省高职院校教师基本情况比较 ………………………… 17

表 3　2018—2020 年广东省高职院校部分办学条件情况比较 …………………… 18

表 4　2020 年广东省高职院校开设前十专业布点数 ……………………………… 18

表 5　2020 年广东省高职院校标志性成果数量 …………………………………… 19

表 6　广东省高等职业教育 2020 届毕业生就业相关数据 ………………………… 29

表 7　2020 年毕业生参军入伍主要优惠措施 ……………………………………… 30

表 8　第六届中国国际"互联网+"大学生创新创业大赛广东省获奖名单 ……… 31

表 9　2019—2020 年广东省高职院校获得国家级立项（认定）的教学资源 …… 40

表 10　广东省高职院校牵头入选全国首批示范性职教集团培育单位 ………… 49

表 11　入选教育部"智能制造领域中外人文交流人才培养基地项目"名单 …… 64

案例目录

案例 1	守初心、担使命，履职尽责抗疫情	6
案例 2	践行使命，责任担当	8
案例 3	技术援助，有担当勇抗疫	9
案例 4	心理疏导，缓解师生压力	10
案例 5	"大思政"格局引领"三全育人"	13
案例 6	党旗在抗疫一线高高飘扬	14
案例 7	新媒体助力脱贫攻坚，大学生暑期"三下乡"获表彰	20
案例 8	不忘初心跟党走，自立自强回馈社会	21
案例 9	深圳信息职业技术学院学子勇夺首届全国职业技能大赛金奖	22
案例 10	男健壮、女健美，实施"三个一"体育工程	23
案例 11	建实践基地，开辟"专业＋劳动实践"新路径	24
案例 12	以武化人，传统技艺"蔡李佛拳"进课堂	28
案例 13	爱国教育显成效，参军强志报效祖国	30
案例 14	创高新技术企业，助当地精准扶贫	32
案例 15	建成国内首家覆盖全产业链的移动通信专业群	34
案例 16	依循职业标准，研制医科实践教学标准	35
案例 17	书证融通，重构专业核心课程体系	36
案例 18	"三协同·三融入·四标准"，推进课程思政全覆盖	37
案例 19	借力智慧教育，打造"三化"线上教学平台	38
案例 20	立足工作场景，开展订单培养	39
案例 21	参加教材编写，助力"1+X"证书制度实施	41
案例 22	深化信息技术与教学融合，倾心打造国家级精品慕课	41
案例 23	身止为帅，学高为范	43
案例 24	坚持立德树人，争当工匠之师	45
案例 25	"学校＋龙头企业"模式打造产教融合试点工程	47
案例 26	打造"三级五融四平台"工匠育训体系	48
案例 27	"五方三层"打造职教利益共同体	49
案例 28	珠澳跨境电商产业学院助力企业销售额破亿元	50
案例 29	牵头成立职教联盟，建设南方水电职教高地	51
案例 30	多维交互齐头并进，探索"双主体"协同育人	52

案例 31	航院联手中国航油，首建高职航空油料专业	53
案例 32	强化专业培训，服务"一带一路"	60
案例 33	中法学分互认合作，助学生实现海外求学梦	61
案例 34	拓展来华留学教育，弘扬中医药传统文化	63
案例 35	创新思路，共建共享同发展	64
案例 36	云发布国际网络教育学院，齐助力亚非国家职教发展	66
案例 37	七年坚守扶贫一线，信念铸就劳动模范	68
案例 38	多措并举，助力乡村振兴	69
案例 39	传承岭南特色文化，助力湾区融合发展	70
案例 40	培养培训双驱动，助力广东"三项"工程	72
案例 41	搭建"三层次"科技平台，助力轨道交通产业技术升级	73

1 特色亮点

2020年,广东高职教育战线以习近平新时代中国特色社会主义思想为指导,贯彻党的十九大和十九届二中、三中、四中、五中全会精神,深入贯彻落实习近平总书记出席深圳经济特区建立40周年庆祝大会和视察广东及关于职业教育的重要论述和指示批示精神,落实省委、省政府"1+1+9"工作部署,以"扩容、提质、强服务"为主线,提质培优、增值赋能、以质图强,为广东在全面建设社会主义现代化国家新征程中走在全国前列、创造新的辉煌作出了新的贡献。

1.1 众志成城抗疫,停课不停学

广东省教育厅及高职院校统筹疫情防控工作,严格落实"四精准""六分""一独立""三全""五管"措施,确保了师生生命安全和身体健康。时任广东省教育厅副厅长的邢锋同志在联合国教科文组织主办的会议上,介绍广东职业教育的抗疫经验。高职院校通过线上教学,确保停课不停学。

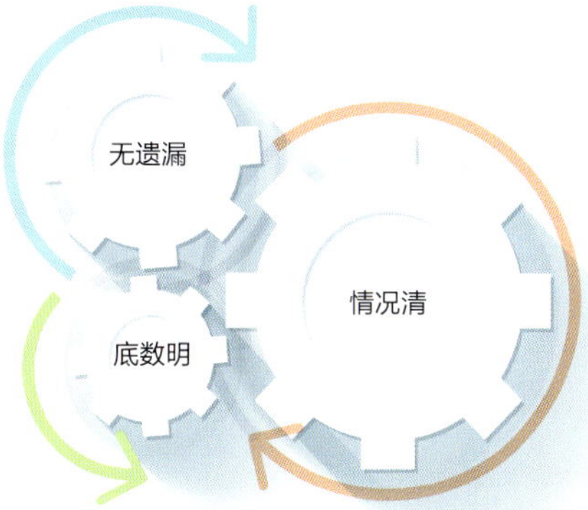

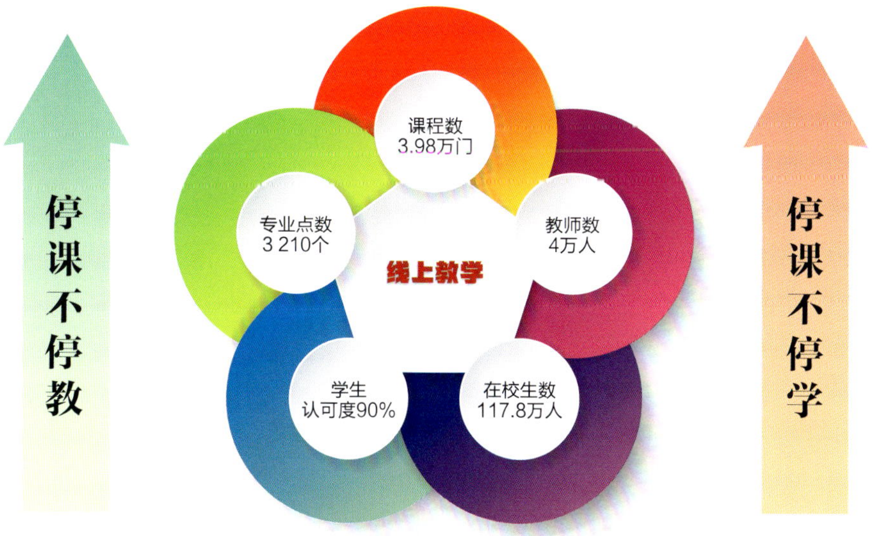

1.2 搭平台建园区，服务"双区"建设

广东高职教育贯彻落实国家《粤港澳大湾区发展规划纲要》和深圳先行示范区建设的精神，加强与港澳地区教育界和产业界联系，建立合作机制，积极开展技术技能人才培养、师资交流、应用技术研发、员工培训等领域的合作。

1.3 培养培训并举，助力"三项"工程

广东高职院校大力培养"广东技工"，服务于广东先进制造业发展；积极开展"粤菜师傅"培养培训，助力脱贫攻坚，传承和弘扬粤菜文化；大力开展"南粤家政"专业人才培养，满足人民日益增长的生活需求。

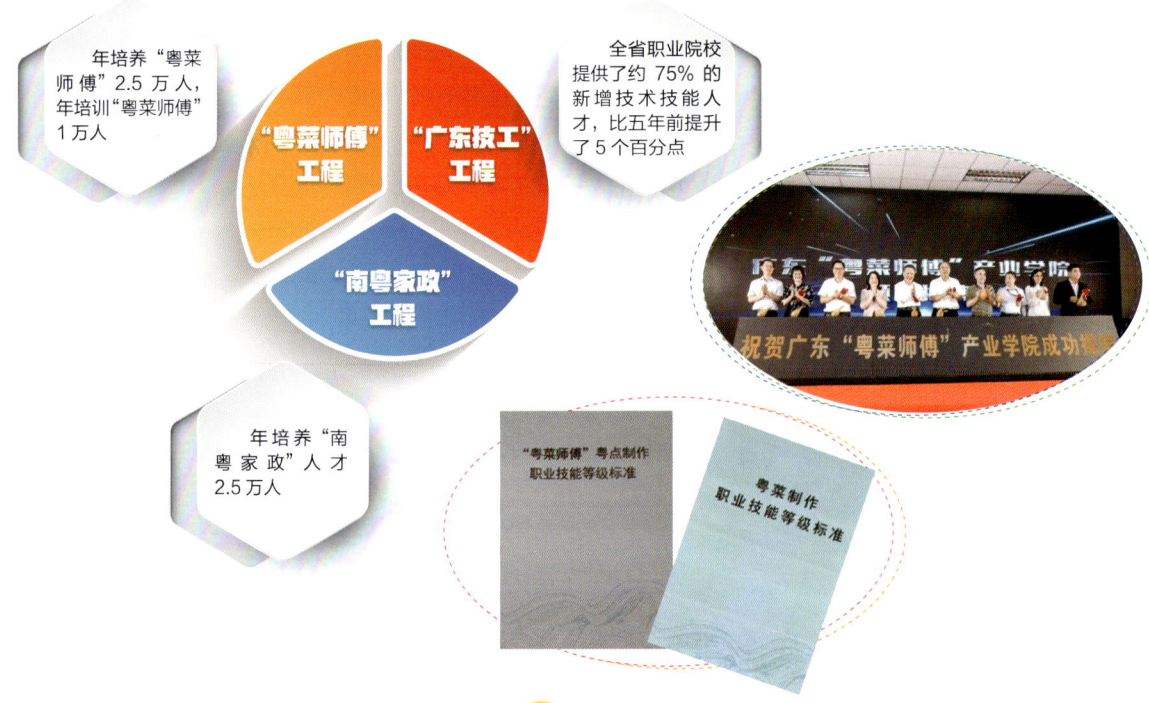

1.4 产教深度融合,打造校企共同体

广东高职教育大力开展产教融合、校企合作,围绕人才培养和技术服务,深度与企业合作,打造职教集团、产教融合型企业、科研平台和工程中心等平台,创新人才培养模式,促进职业教育高质量发展,支撑产业转型升级。

技术交易到款额 0.68亿元
合作企业 2.1万家
技术服务到款额 4.16亿元
校企共同开发课程 5 413门
校企合作开发教材 2 462种
技术服务效益 14.80亿元

- 第一批国家示范性职业教育集团培育单位入围8个
- 5个职教集团获得省示范性职业教育集团立项
- 广东省第一批建设培育产教融合型企业878个
- 广东省高职院校建有科研平台和工程中心70家
- 全面推进现代学徒制,76%学校开展试点

1.5 创新强校工程，推动提质培优

2020 年，14 所高职院校完成"双高校"建设方案制定，开启"双高校"建设新征程。完成全省高职院校"创新强校工程"考核，按提质、扩容、强服务绩效得分，投入奖补资金 2.07 亿元，并启动新一轮"创新强校工程"。

立项建设185个省级高水平高职专业群

64.71%的新增专业对接广东战略性支柱产业和战略性新兴产业

13.52万人参与1+X证书制度试点

19所一流高职院校对口帮扶18所学校

21所省教育厅直属中职学校与省属高职院校实施集团办学

技能大赛成绩卓著

教师教学能力大赛
获全国职业院校技能大赛教学能力赛（教师）的一、二等奖数连续三年全国第一

学生技能大赛
全国职业院校技能大赛获奖 256 个、575 人次，均位列全国前三名，获奖比例近90%，领先于全国平均 30 个百分点

全国职业技能大赛
学生参加中华人民共和国第一届职业技能大赛获 2 金 1 银 2 铜佳绩

1.6 加快职教城建设，助力扩招翻番

广东加快省级职教城建设，在一期工程已交付 5 所高职院校的基础上，2020 年二期工程先行项目又交付 5 所学校，新增高职学位 2 万个，为高职扩招做出重大贡献。

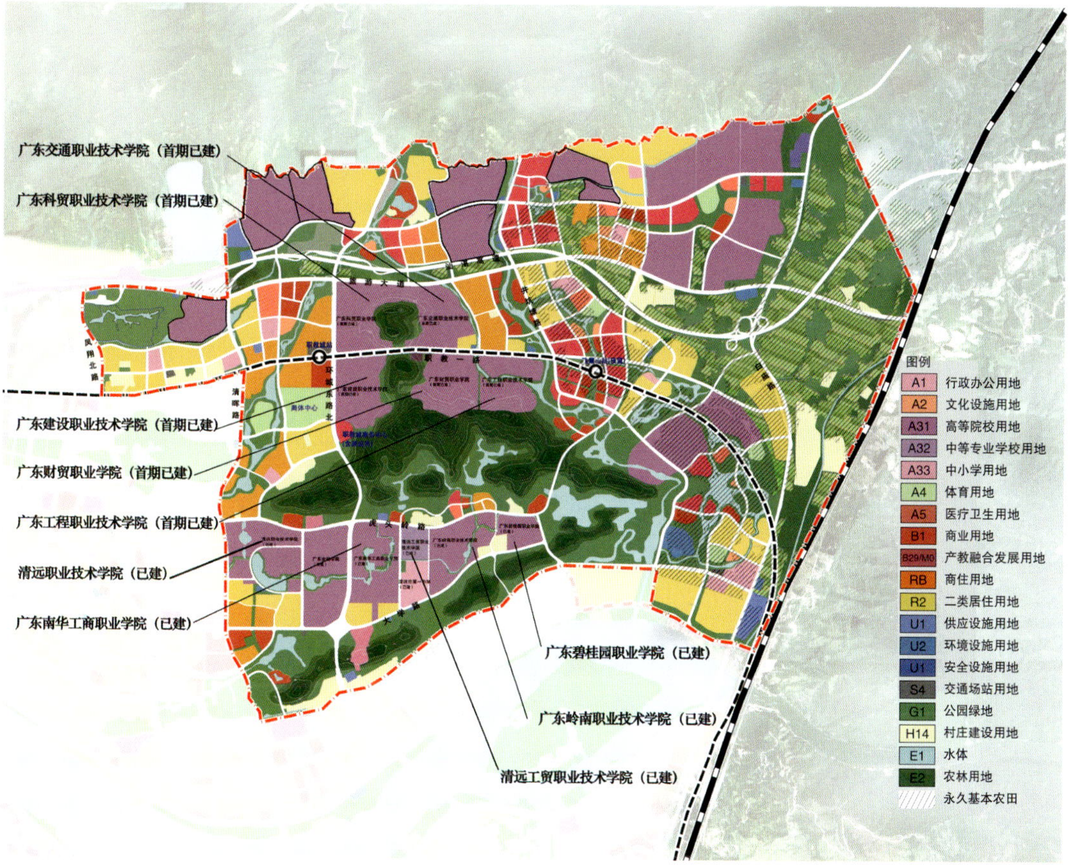

高职扩招 **18 万人**，完成扩招任务 **2 倍**

01 2020 年，高职录取 53.3 万人，招生规模较 2019 年增长 59.51%，是 2018 年的 2 倍

02 招收"下岗工人、退役军人、农民工、新型职业农民"占扩招的 58.40%

03 为广东提高高等教育毛入学率贡献 4 个百分点

2 抗疫行动

2.1 科学统筹，党委定方略抓抗疫

自新型冠状病毒肺炎疫情发生以来，广东组织各高职院校党委坚决贯彻落实习近平总书记重要讲话、指示批示精神和党中央的决策部署，以最快的速度、最严的措施、最大的努力，科学统筹、有力防控，确保全省师生生命安全和身体健康。

2.1.1 全面部署疫情防控工作

广东建立高职院校疫情防控工作台账，精准掌握各地、各校师生情况，做到情况清、底数明、无遗漏；开展督查暗访高职院校防控主体责任，责任到岗，任务到人，坚决防止疫情输入校园；督促高职院校落实"四精准""六分""一独立""三全""五管"措施。全省高职院校师生无一人确诊新冠，确保了师生生命安全和身体健康。

广东省教育厅以"坚决打赢疫情防控的人民战争、总体战、阻击战"为主题，面向全省普通高校在校学生，举办"我在战'疫'中成长"广东高校大学生抗疫征文活动，面向全省教育系统征集抗疫优秀教师典型和感人事迹，落实教育部"战疫课堂"课程思政典型案例选送等工作。2020年，广东省高职院校教师获得全国职业院校"战疫课堂"课程思政典型案例一等奖11个、二等奖13个、三等奖13个。

案例 1　　守初心、担使命，履职尽责抗疫情

为了抗击新型冠状病毒肺炎疫情，广东省教育厅全力部署，发动全省教育系统27 000多个党支部，54万多名党员率先垂范、主动抗疫；通过全省新闻发布会、抗疫专题会议统筹安排工作；省委教育工委转拨中央组织部、省委组织部专项党费，划拨省委教育工委管理党费共766万元，用于支持各高校开展新型冠状病毒肺炎疫情防控工作；发布抗疫工作文件近100个，实行全省"一天

一报"制度，面向全省教育系统、医疗系统等每天发布《学生返校工作专班简报》，通报当日全省学生返校情况近250期，保障和推动学生返校复课平稳有序进行；同时为了打好抗疫持久战，在教育厅网站刊出"战'疫'！教育在行动"专栏，在战"疫"动态、战"疫"典型、防护知识方面推送推文400余条，以备打赢疫情防控阻击战。

广东省教育厅领导参加省政府新闻办疫情防控第十场新闻发布会

2.1.2 统筹安排抗疫行动

广东省组织各高职院校贯彻习近平总书记关于疫情防控的重要指示精神，成立疫情防控工作小组，根据新型冠状病毒肺炎疫情防控指挥部的要求，充分发挥基层党组织战斗堡垒和党员先锋模范作用，制定工作方案、应急预案，明确部门职责、疫情处置办法、防控工作原则、预防和预警机制，疫情防控工作迅速形成合力，统筹做好疫情防控和教育教学的各项工作。例如，罗定职业技术学院制定了《防控新型冠状病毒感染的肺炎疫情工作方案》等制度，惠州城市职业学院制定了《冬春季传染病防控工作应急预案》等制度。

2.2 精心部署，复学复工复产勇担当

广东组织各高职院校教师多措并举开展线上教学，落实质量为先原则，坚持模式多元、创新发展、智慧型在线教学百花齐放，在线教学成效显著；鼓励和支持医护专业师生利用所学专业知识，主动服务社会，积极投身抗疫一线；组织其他各专业师生依托专业技能，助力防疫物资生产企业复工复产。

2.2.1 技术支持教育教学改革

为贯彻落实疫情期间教育部"停课不停教，停课不停学"的要求，广大教师借助各种资源和平台自建课程，全力复课。据统计，全省高职院校线上开设课程从2019年的15 039门剧增到2020年的39 836门①，增长了164.88%。"互联网+"数字化教学资源平台和各类专业教学资源库得到充分利用，发挥了积极作用。

2.2.2 践行使命彰显医学精神

广东高职院校医护专业师生，发挥专业特长，积极投身疫情防控工作，医学救治与护理工作显成效。清远职业技术学院25名护理专业优秀毕业生积极参加广东省卫生健康委员会组建的医疗救治队"逆行而上"，驰援湖北，体现了医务工作者的责任与担当。

> **案例2　践行使命，责任担当**
>
> 惠州卫生职业技术学院罗懿婷同学作为未来的医务工作者，不惧风险，第一时间申请加入当地大学生志愿者抗疫团队，协助医务人员在防疫站点为隔离人员做好体温监测及疏导工作。广州卫生职业技术学院开发的"新型冠状病毒肺炎防控教育"课程，师生学习日志总量近41万条。这门课程更加坚定了医学生报效国家和投身保障人民健康事业的理想信念。

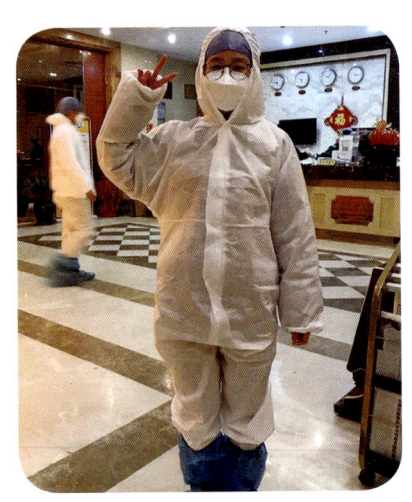

惠州卫生职业技术学院学生战斗在抗疫一线

---

① 数据来源：教育教学表。

2.2.3 抗疫志愿服务形式多样

广东高职院校师生积极参加防疫志愿服务工作,全力支持疫情防控。河源职业技术学院47名学生积极参加所在社区(村)的疫情防控志愿服务,科学有序参与疫情联防联控。湛江幼儿师范高等专科学校的22名志愿者对广东省化州市杨梅镇岱山村10名帮扶对象进行了线上支教活动。广东机电职业技术学院2019级也门籍在读语言研修生AHMED BASHEER ALDUBAI克服重重困难,筹集1.5万只口罩支援武汉抗疫。

2.2.4 学生实习助力复工复产

广东省深入贯彻落实国家和省一手抓好疫情防控、一手抓好经济社会发展的工作要求,适时调整顶岗实习政策措施,推动各高职院校优先安排学生到保障疫情防控、公共事业运行、群众生活必需及其他涉及重要国计民生的重点行业企业顶岗实习,缓解企业阶段性用工紧缺矛盾,支持企业复工复产达产达效。广东职业技术学院响应佛山市南海区经济促进局的需求,组织38名学生在佛山市必得福无纺布有限公司等企业生产重点医用物资;广州民航职业技术学院组织237名学生在中国国际航空股份有限公司实习,甘为危难时期的"摆渡人";广东农工商职业技术学院组织30余名市场营销专业学生在百果园有限公司实习,为群众生活提供生鲜蔬果保障。

2.2.5 技术研发提高区域产能

疫情期间,广东高职院校师生发挥技术和科研优势,为口罩、洗手液等防疫物资生产企业提供技术支撑。广东工贸职业技术学院教师充分发挥专业优势,为口罩生产设备提供核心技术支持,为保障企业加快抗疫物资生产起到了关键性作用。广东生态工程职业学院设立了"科研抗疫专项经费",立项校企创新项目——智能消杀机器人的研究,为企业加快抗疫物资生产提供智力支持。

> **案例3　　　　技术援助,有担当勇抗疫**
>
> 2020年2月5日,东莞职业技术学院组织了10名教师、20名学生分别进驻长安必达医疗科技公司等8家医疗物资生产企业,为企业提供齿模轴加工、自动化生产线改造等技术援助,协助企业完成生产线安装调试,解决企业技术人员短缺等问题,使企业得以迅速恢复生产和扩充产能。中山火炬职业技术学院帮助抗疫物资生产企业先后完成气雾罐喷雾阀、洗手液乳液泵等相关冲压模、注塑模成套精密模具设计制造、KN95全伺服自动口罩机设计打样及装调等工作。广东食品药品职业学院学生参与研发比常规检测效率高6倍的自动化新型冠状病毒核酸提取试剂盒,并快速应用于抗疫第一线,提高了新型冠状病毒肺炎筛查效率。

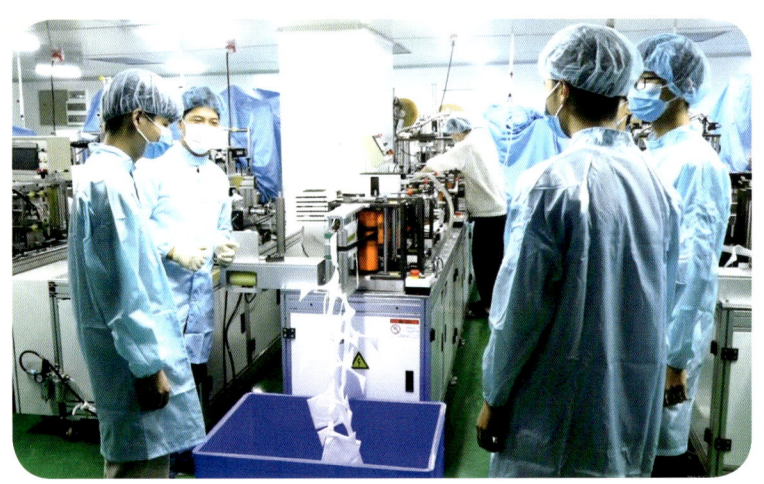

东莞职业技术学院师生支援抗疫物资生产一线

2.3 关爱生命，弘扬抗疫精神强斗志

广东高职院校倡导理性防疫，科学防护，针对非常时期居家封闭、线上教学师生的心理状态和生活情绪变化较大的情况，举办了形式多样的心理咨询活动，舒缓学生的精神焦虑。同时，师生创作了丰富多彩的艺术作品，坚定大众防疫信念，鼓舞民众抗疫斗志。

2.3.1 心理疏导缓解精神压力

广东各高职院校心理咨询中心因时而动，面向广大师生开展普及型心理健康教育以及个性化的心理咨询服务。如通过微信公众号进行疫情期间心理科普宣传、心理健康教育；通过云家长会、电话家访、家长微信群等多种形式强化家校沟通，引导家长提高维护子女心理健康的意识，注意与子女沟通的方式方法，避免引发激烈冲突，缓解了学生的精神压力。

> **案例 4** 　　　　　　　　**心理疏导，缓解师生压力**
>
> 　　为了保障疫情期间学生心理健康，潮汕职业技术学院通过调查，撰写了《疫情下学生心理健康状况调查报告》，对学生加强心理危机干预服务和心理健康教育。广东财贸职业学院推出了《"战疫情，线上心理加油站"心理健康科普推文系列》等48期心理健康教育专题报道，传播"敬畏生命、健康第一"的理

念。广东生态工程职业学院推送推文30篇,为学生缓解焦虑、释放情绪提供了正确方法。广东女子职业技术学院开展"心理涂鸦"和"最美心理讲师"线上、线下活动,促进学生释放压力、互相学习、完善自我。

潮汕职业技术学院加强学生心理危机干预服务和心理健康教育

2.3.2 艺术讴歌鼓舞共克时艰

广东各高职院校鼓励师生勇敢面对严峻形势,以演讲比赛、书画、音乐等各种艺术形式进行创作,用自己的作品讴歌全国抗疫工作,坚定大众抗疫信念。如广东省外语艺术职业学院开展"万众一心迎挑战,众志成城战疫情"线上演讲比赛,学生用演讲的形式来赞颂疫情期间"最美的逆行者"。广东文艺职业学院、阳江职业技术学院、珠海艺术职业学院等在疫情期间创作相关文艺作品,其中《为爱感恩》入选全国优秀"战疫"公益歌曲展播并在"学习强国"平台播出,公益抗疫歌曲《与您同在》《我们一定取得胜利》《我们的心愿》在人民日报、南方日报、腾讯新闻、今日头条等各大主流媒体网站广泛传播。

3 发展概况

3.1 党建引领

广东高职院校坚持党对高校工作的全面领导，党委统领，加强院系总支、支部建设，把握办学育人的正确政治方向，构建党政齐抓共管、部门协调、院系实施、师生校友和社会各方力量共同参与的"大思政"格局。2020年，省教育厅组建广东省高等学校思想政治教育研究会、高职院校党建和思想政治工作专业委员会，打造高职院校党建和思想政治建设平台；全省推广"马克思主义中国化进程与青年学生使命担当"精品思政课程，遴选14所高职院校作为"八个相统一"高校思政课示范点，在高职院校设立4个思政课名师工作室，5所高职院校入选省级高校"三全育人"体制机制改革试点单位。

3.1.1 创建示范，提升党建工作质量

2020年，广东省7所高职院校按照《教育部办公厅关于开展新时代高校党建示范创建和质量创优工作的通知》（教思政厅函〔2018〕23号）的创建工作要求，坚持软件建设和硬件建设相结合、统筹规划和分步实施相结合、整体提升和品牌塑造相结合，按计划分步骤开展培育创建工作，按期完成建设任务，并通过验收（见表1）。未来，它们将继续发挥示范引领作用，带动高职院校党建工作质量整体提升。

表 1 广东省高职院校获首批"全国党建工作标杆院系、样板支部"培育创建单位验收通过名单

称 号	单 位
全国党建工作标杆院系	深圳信息职业技术学院软件学院党总支
全国党建工作样板支部	广东工程职业技术学院马克思主义学院直属党支部
	广东环境保护工程职业学院环境科学系第一党支部
	广东机电职业技术学院汽车学院教工党支部
	广东建设职业技术学院机电工程系学生党支部
	广东轻工职业技术学院管理学院教师党支部
	广州华夏职业学院经济与管理第二教师党支部

3.1.2 齐抓共管,构建"大思政"格局

广东高职院校深入贯彻中共中央办公厅、国务院办公厅《关于深化新时代学校思想政治理论课改革创新的若干意见》,全面落实《教育部等八部门关于加快构建高校思想政治工作体系的意见》(教思政〔2020〕1号)、《高等学校课程思政建设指导纲要》(教高〔2020〕3号)、《广东省教育厅关于全面推进高职院校课程思政建设工作的意见》(粤教职〔2020〕9号)等文件精神,将思想政治教育贯穿全员、全方位、全过程,全面推进高职院校课程思政工作,培养社会主义建设者和接班人。各高职院校党委书记担任课程思政领导小组的组长,研究部署思政课程建设和课程思政改革措施,落实学校领导和二级学院领导每学期讲授"思政第一课"制度。2020年,顺德职业技术学院马克思主义学院直属党支部书记工作室(李霞工作室)入选教育部第二批高校教师党支部书记"双带头人"工作室建设项目。

> **案例 5**　　　　　　　　　"大思政"格局引领"三全育人"
>
> 广东省外语艺术职业学院围绕立德树人根本任务,坚持和加强党对学校工作的全面领导,"压实"党建工作责任制,充分发挥二级单位党组织的政治核心作用,建构"大思政"工作格局。学校制定了《广东省外语艺术职业学院课程思政建设工作三年行动计划(2020—2023年)》,选优配齐"双带头人"教师党支部书记、思政课教师,引导广大教师落实"三全育人""五育并举",促进思政课程改革与课程思政同向同行。全校各单位合力,形成"院院有精品、门门有思政、课课有特色、人人重育人"的良好局面,真正实现全员育人、全程育人、全方位育人。音乐舞蹈学院的"演唱/演奏"课程以"'音'为有爱,以'乐'抗疫"为主题,将"生命至上,举国同心,舍生忘死,尊重科学,命运与共"的伟大抗疫精神融入教学,全院师生在教学中实现课程作品化,创作了抗疫演唱演奏作品9个。此外,该学院创作的大型舞蹈诗《黄埔长歌》,演绎了海上丝绸之路起点南海神庙的千年壮歌,已成为在校内外产生极大影响力的广外艺品牌。

广东省外语艺术职业学院大型原创舞蹈诗《黄埔长歌》演出现场

3.1.3 立德铸魂，锤炼学生党员育新人

广东高职院校高度重视学生党支部建设工作，大力推进学生党员实践，锤炼学生党员党性信念。学校以坚定学生理想信念、厚植学生爱国主义情怀为目标，综合利用抗疫实践、主题班会、宣讲教育、党团日活动、开学典礼、毕业典礼等活动，将思想价值引领常态化、制度化，为培养社会主义建设者和接班人奠定坚实基础。例如，深圳职业技术学院大学生喀斯木江在教育部高校思政教学指导委员会主办的"绽放抗疫青春·决胜全面小康"——第四届全国高校大学生讲思政课公开课展示活动总决赛中，主讲《建设"西部深圳"共赴幸福小康》荣获全国一等奖，是12个一等奖中唯一的高职类院校获奖作品。

> **案例6　党旗在抗疫一线高高飘扬**
>
> 广东科学技术职业学院计算机工程技术学院（人工智能学院）基层学生党支部积极组织抗疫行动，张奇栋、陈胜庭、何嘉莹等20名学生党员主动请战，积极参加所在地的疫情防控志愿服务工作。无论天气多么恶劣、距家多么遥远、工作多么艰难，他们依旧坚守在岗，认真负责，发挥了党员的模范带头作用。

广东科学技术职业学院基层学生党支部积极组织抗疫行动

3.2 办学情况

广东省高职院校积极贯彻落实国家高职扩招政策，面向社会人员实施高职扩招专项行动，扩大办学规模，提高了高等教育毛入学率，同时持续优化结构，专业布局更加合理，着力增加优质高等职业教育资源供给，改善办学条件，提高了高等职业教育办学水平。

3.2.1 办学规模有效扩大

截至 2020 年底，广东省共有 87 所独立设置高职院校[①]，全日制高职在校生规模为 117.80 万人，较 2019 年的 89.40 万人（不含 2019 年扩招 2020 年春季入学学生）增加 28.40 万人，增幅达 31.80%，高等职业教育办学规模保持快速增长态势（见图 1）。

2020 年，高职招生 53.30 万人，扩招 18 万人，完成扩招任务的 2 倍，其中退役军人、下岗失业人员、农民工和高素质农民录取数占 2020 年扩招专项录取数的 58.40%。

图 1 2016—2020 年广东省高职院校全日制在校生人数

---

① 未计广州科技职业技术大学和广东工商职业技术大学。

3.2.2 布局结构更加合理①

广东有 14 所国家"双高计划"建设单位，数量位列全国第三；11 所国家示范（骨干）高职院校，数量位列全国第三；14 所国家优质高职院校，数量位列全国第二。从院校类型看，2020 年广东高职院校以综合性高职院校和理工类高职院校为主体，呈现多元并存发展的格局，其中综合类高职院校占 49%，理工类高职院校占 24%（见图 2）。从所有制性质看，广东高职院校中有公办院校 62 所、民办院校 25 所，规模分别占 71.26%、28.74%，保持公办与民办院校协调发展（见图 3）。从专业布局看，理工类专业在校生规模占 43.97%，呈逐年增长态势，其中电子信息大类占 17.86%（见图 4）。

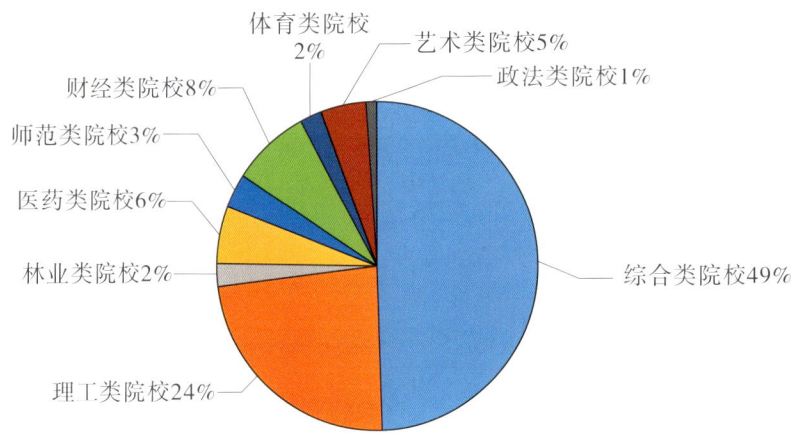

图 2 2020 年广东省高职院校类型结构

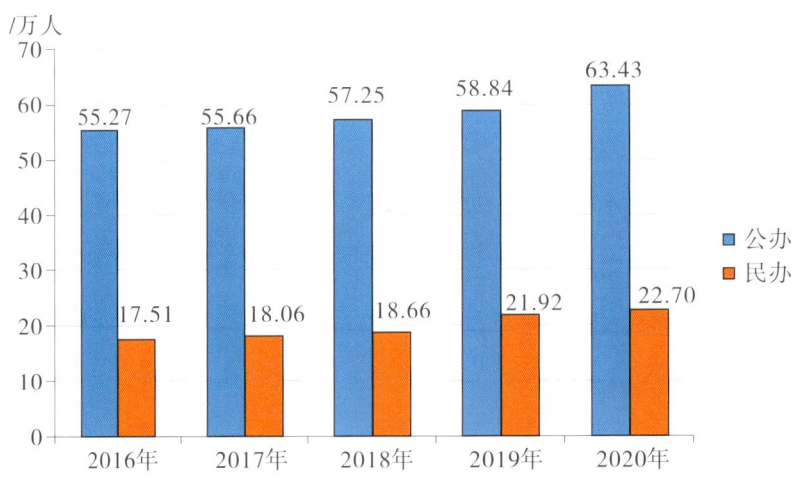

图 3 2016—2020 年广东省公办、民办高职院校办学规模比较

---

① 数据来源：高等职业院校人才培养工作状态数据采集与管理平台。

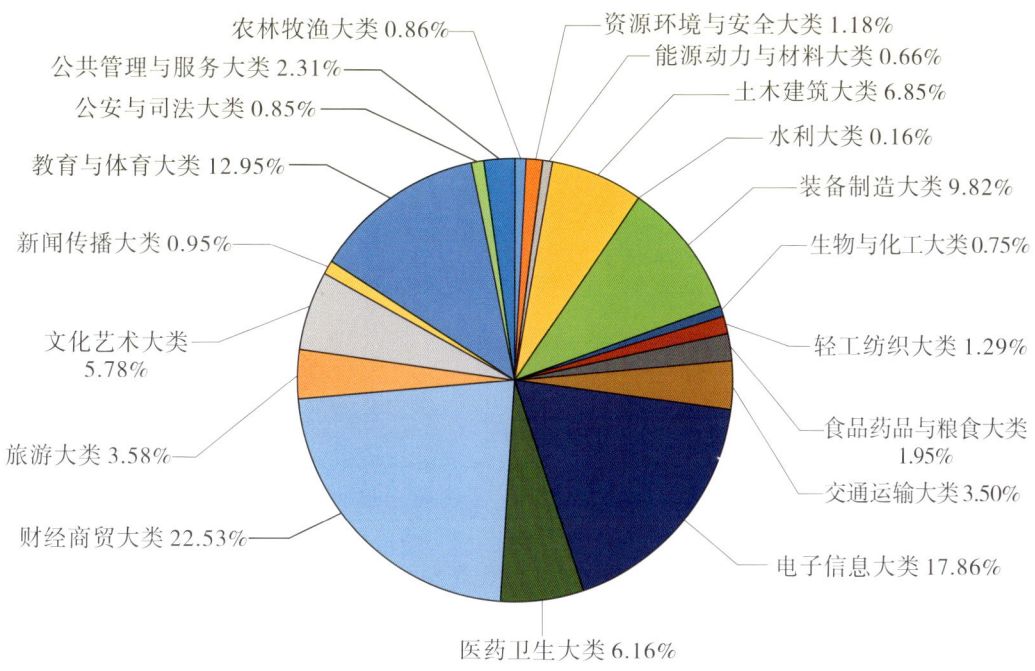

图 4　广东省高职院校在校生规模专业大类分布

3.2.3　办学条件不断改善

广东高职院校教师整体水平继续提高（见表 2），教师队伍规模不断扩大，高学历教师比例逐年提升，专任教师中"双师型"教师比例稳步提高。

表 2　2018—2020 年广东省高职院校教师基本情况比较

指标（中位数）	2018 年		2019 年		2020 年	
	广东	全国	广东	全国	广东	全国
教师总数 / 人	558.50	429	564.50	443	576	453
生师比	15.58	15.42	15.95	15.22	16.41	16
硕士学位 / 人	225	153	232	165	240.50	174
博士学位 / 人	9	3	10	3	11.50	3
高级职务教师 / 人	136.50	125	153	127	153.50	130
青年教师（45 岁以下）/ 人	303.50	207	303	218	308.50	235
"双师型"素质教师 / 人	233	166	239.50	167	296.50	173
"双师型"专任教师比例 /%	59.19	56.36	65.01	56.07	66.70	54.42

高职院校办学条件不断改善（见表 3）。校园建筑、实训工位数、网络多媒体教室等各项指标稳步增长，为人才培养质量和办学水平的提高提供了良好的物质保障。

表3　2018—2020年广东省高职院校部分办学条件情况比较

主要指标	2018年	2019年	2020年
学校总建筑面积/万平方米	2018.75	2126.53	2329.44
学校在行政用房面积/万平方米	109.07	110.69	115.68
校内实训基地工位数/万个	50.86	53.59	64.48
网络多媒体教室数/万间	1.11	1.19	1.22
计算机总数/万台	33.78	35.80	37.46

3.3 培养质量

广东高职教育办学水平走在全国前列。各高职院校积极调整人才培养计划，不断强化内涵建设，不断提升培育质量，满足市场人才需求，服务于粤港澳大湾区建设。尤其是2020年经受疫情冲击，各高职院校停课不停学，质量不降低，保民生、稳就业。

3.3.1 调整专业布局，服务湾区发展

2019年2月中共中央、国务院印发《粤港澳大湾区发展规划纲要》，要求粤港澳大湾区构建具有国际竞争力的现代产业体系，包含四大产业：先进制造业、战略性新兴产业、现代服务业、海洋经济产业。广东高职院校积极响应国家发展政策，专业布局契合粤港澳大湾区产业发展，专业布点数按产业发展比例优化调整（见表4）。

表4　2020年广东省高职院校开设前十专业布点数[①]

序号	专业名称	开设院校数	对应"粤港澳大湾区"产业
1	会计	68	现代服务业
2	商务英语	62	现代服务业
3	市场营销	62	现代服务业
4	电子商务	60	现代服务业、先进制造业
5	物流管理	59	现代服务业、先进制造业
6	计算机应用技术	56	先进制造业、战略性新兴产业
7	计算机网络技术	52	先进制造业、战略性新兴产业
8	软件技术	50	先进制造业、战略性新兴产业
9	工商企业管理	50	先进制造业、现代服务业
10	物联网技术	44	战略性新兴产业

3.3.2 稳就业为民生，经受疫情考验

2020年广东高职院校毕业生27.36万人，较2019年的25.11万人增加了2.25万

[①] 数据来源：高等职业院校人才培养工作状态数据采集与管理平台。

人，增长 8.96%，其中就业人数 24.43 万人，较 2019 年的 24.14 万人增加了 0.29 万人，增长 1.20%。

2020 年广东高职院校学生就业率为 97.00%，自主创业比例达 0.70%，相较于 2019 年的 0.31%，增幅较大。毕业生平均月收入 3 581 元，较 2019 年毕业生平均月收入降低了 91 元，降幅为 2.48%。母校满意度、雇主满意度较 2019 年均有所提升（见图 5）。

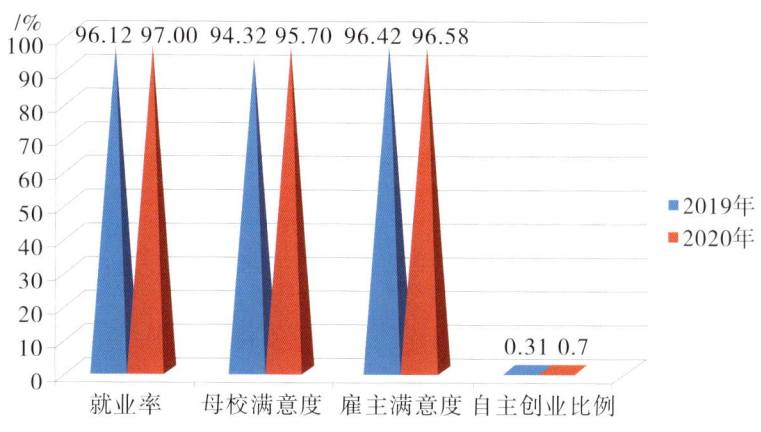

图 5　广东省高职院校毕业生就业基本情况

3.3.3　强内涵做贡献，走在全国前列

2020 年，广东高职院校获中华人民共和国第一届职业技能大赛 2 金 1 银 2 铜的佳绩；获全国职业院校技能大赛教学能力比赛一等奖 2 项，占全部高职院校一等奖总数的 5%；参与第六届中国国际"互联网+"大学生创新创业大赛，获 4 金 9 银，位列全国第一；入选"十三五"职业教育国家规划教材达 218 本，位列全国第三；入选国家精品在线开放课程（高职）共 5 门，占全部高职院校入选总数的 5.05%；入选全国示范性职业教育集团（联盟）培育单位 9 个，占全部高职院校入选总数的 6%（见表 5）。

表 5　2020 年广东省高职院校标志性成果数量

序号	标志性成果	在全国同类成果中的占比
1	中华人民共和国第一届职业技能大赛 2 金 1 银 2 铜	—
2	2020 年全国职业院校技能大赛教学能力比赛一等奖 2 项，一、二等奖数连续三年全国第一	5%
3	全国职业院校技能大赛获奖 256 项 575 人次	位列全国前三名
4	第六届中国国际"互联网+"大学生创新创业大赛 4 金 9 银	全国第一
5	入选"十三五"职业教育国家规划教材 218 本	全国第三
6	入选国家精品在线开放课程（高职）5 门	5.05%
7	入选全国示范性职业教育集团（联盟）培育单位 9 个	6%
8	"1+X"证书制度试点考核人次	全国第一
9	全国现代学徒制试点数 38 所	全国第一

4 学生发展

4.1 全面发展

广东高职院校落实立德树人根本任务，强化学生技能训练，重视美育体育，注重以劳育人，着力培养德智体美劳全面发展的社会主义建设者和接班人。

4.1.1 落实立德树人，突出育人实效

广东高职院校坚持把思想政治工作贯穿教育教学全过程，注重育人实效，通过校内校外、课内课外、线上线下等多样化渠道，打造"思政第一课""粤易班""三下乡""学雷锋志愿服务"等德育品牌，教育引导学生牢固树立社会主义核心价值观，落实立德树人根本任务。

> **案例7　新媒体助力脱贫攻坚，大学生暑期"三下乡"获表彰**
>
> 广东科学技术职业学院"乡村新媒体宣传与扶贫"暑期"三下乡"社会实践团队13名师生，于2020年8月20日至22日，深入韶关市仁化县康溪村、恩村、新山村等三个省级贫困村实地考察，与村干部、当地农民、致富带头人交流探讨，进行专题培训，上茶山、下田地，采集宣传素材，编排推文，剪辑视频。师生运用新媒体宣传技能，传播贫困村摘帽、贫困户脱贫等国家扶贫攻坚的伟大成果。团队制作的宣传推文及视频共有5篇作品发布在学习强国和人民日报两大流媒体平台，阅读量达到10万。团队被广东省委宣传部、广东省教育厅等评为2020年广东省大中专学生志愿者暑期"三下乡"社会实践活动优秀团队，两名成员被评为优秀个人。

广东科学技术职业学院师生团队在韶关市仁化县康溪村田间采集宣传素材

案例8　　　　不忘初心跟党走，自立自强回馈社会

广州铁路职业技术学院2019级商务英语专业学生许成富出身于贫困家庭，但自强不息、品学兼优。他连续6年义务照顾无血缘关系的孤寡老人；组织义卖，帮助山区滞销果农挽回经济损失数万元；投身禁毒宣传，引导中小学生远离毒品；担任扶贫办实习生，在落实贫困户危房改造中表现突出。在共青团中央、全国学联组织的2019年度"中国大学生自强之星"评选活动中，许成富成为10名"中国大学生自强之星标兵"中唯一的高职院校代表。

广州铁路职业技术学院学生许成富在照顾无血缘关系的孤寡老人

4.1.2　培育工匠精神，凸显大赛水平

广东高职院校坚持"赛教融合"，在培养学生专业技能的过程中，将技能竞赛与专业课程教学相结合，将工匠精神与实习实训相结合，着力培育和传承大国工匠精神。2020年12月10—13日，中华人民共和国第一届职业技能大赛暨第46届世界技能大赛全国选拔赛在广州举行。大赛以"新时代、新技能、新梦想"为主题，共设86个比赛项目，其中世赛选拔项目63个、国赛精选项目23个。广东高职院校在比赛中获得2金1银2铜的优异成绩。全省有9个赛项获得第46届世界技能大赛全国选拔赛参赛资格，创历届最优成绩。

> **案例9　深圳信息职业技术学院学子勇夺首届全国职业技能大赛金奖**
>
> 光电技术项目是2022年第46届世界技能大赛9个新增项目之一，在中华人民共和国第一届职业技能大赛中被列入世赛选拔项目。深圳信息职业技术学院光电技术项目参赛选手陈骏安代表广东省出赛，在24名来自全国各地的入围选手中以压倒性优势独占鳌头，斩获金牌。陈骏安在比赛中的出色表现得到了项目裁判长周渝曦的盛赞："从专业能力、心理、比赛稳定性、应变能力等各方面来看，该选手的表现都可以说是首屈一指的。"

深圳信息职业技术学院学生陈骏安（中）斩获光电技术项目金奖

4.1.3 重视美育体育，提高身心素养

广东高职院校积极落实全国教育工作会议精神，树立健康第一的教育理念，进一步强化体育美育工作，通过完善相关课程体系，对体育、美育增加了刚性要求。广东省教育厅举办了以"文明其精神，野蛮其体魄"为主题的案例征集和征文活动，各高职院校教师积极响应，踊跃参加，掀起了文化育人、强身健体、美体共育的热潮，通过具体项目和活动提高学生身心素养。

> **案例 10**　　　**男健壮、女健美，实施"三个一"体育工程**
>
> 深圳职业技术学院以"男健壮，女健美；活力校园，幸福深职"为目标，开展"万里路"运动标兵评选活动，引导学生在校三年期间"读万卷书，行万里路"。首先，实施"三个一"体育工程，通过 24 个体育社团开展丰富多彩的校园体育活动，引导每个学生加入一个体育社团，热爱一项文体活动，掌握一项运动技能。其次，大力进行教学改革，开足开齐三学年 108 学时体育课，将体质健康测试成绩纳入毕业资格，体测达标率逐年提升，2020 年已达到 92.14%。再次，以 18 支高水平运动队建设和"每月两赛事"为抓手，培养学生体育竞技精神和团队合作能力，在省市级比赛中屡获佳绩。例如，游泳队勇夺 2020 年广东省大学生游泳锦标赛 9 项冠军，获得金牌榜及团体总分双料第一。

深圳职业技术学院获得 2020 年广东省大学生健美操啦啦操网络大赛团体冠军

4.1.4 强化劳动教育，弘扬劳模精神

广东高职院校深入学习贯彻习近平总书记关于劳模精神、工匠精神的重要论述精神，将劳动教育纳入人才培养方案，开设劳动教育必修课和公益劳动课等，增加劳动实践学时和公益劳动学时；打造劳动教育实践基地，通过志愿服务、专业教学实践、职业技能竞赛、项目研究、第二课堂等方式，培养学生劳动习惯和劳动精神，锤炼刻苦钻研、乐于奉献的品格；利用新媒体平台宣传、劳动实践、劳模讲座、经验分享等方式弘扬劳模精神。2020 年，广东高职院校一年级学生参与志愿者活动时间达 808 155 人日，二年级学生参与志愿者活动时间 1 146 222 人日，一、二年级学生参与志愿者活动时间人均达 2.89 人日。

> **案例 11** **建实践基地，开辟"专业+劳动实践"新路径**
>
> 广东工贸职业技术学院将劳动教育纳入人才培养方案，开设 2 个学分的"劳动教育"必修课程，举办"劳模进校园"等活动，引导学生对标看齐。学校在清远佛冈县建成 60 亩"崇劳"大学生劳动教育实践基地，创设了果树栽培区、园林景观区、小盆栽大棚区、蔬菜及经济作物区，围绕专业特色，首设"劳动教育周"，有序组织学生到基地开展 8 个学时生产实践活动，开辟了"专业+劳动实践"的育人新路径。"崇劳"大学生教育实践基地已成为"广东省中小学劳动基地"。学校还将劳动教育与专业生产劳动实践、"三深入"公益志愿活动融会贯通，引导学生扎根基层，开展"红心"义务维修、对口定点帮扶等实践，感恩奉献社会。

广东工贸职业技术学院"崇劳"大学生劳动教育实践基地

4.2 在校体验

面对突如其来的新型冠状病毒肺炎疫情，广东各高职院校积极响应教育部"停课不停学"号召，广东省委、教育工委统一部署，各高职院校主动作为，积极行动，强化后勤和技术支持保障，提高服务管理水平，确保学生学业水平质量。同时，广东各高职院校精细化管理，确保学生返校、教育教学、学生资助政策落实，通过各种特色教学活动、生活服务与管理，让学生在潜移默化中修身立德，了解世情、国情、社情、民情，树立对人民的情感、对社会的责任和对国家的忠诚，学生的获得感和满意度持续提升。

4.2.1 课程学习有深度，智技并修促发展

2020年突如其来的疫情改变了学校教与学的方式。广东各高职院校迅速反应，创新教育教学方法，提升思想政治课、公共基础课和专业课教学实效性，满足不同类型课程的育人需要。2019—2020学年，全省高职院校线上开设课程39 836门，线上课程课均学生247.29人（见图6）；在校生对课程教学满意度上升，其中思想政治课满意度达94.22%，与2019年相比提升了4个百分点（见图7）。

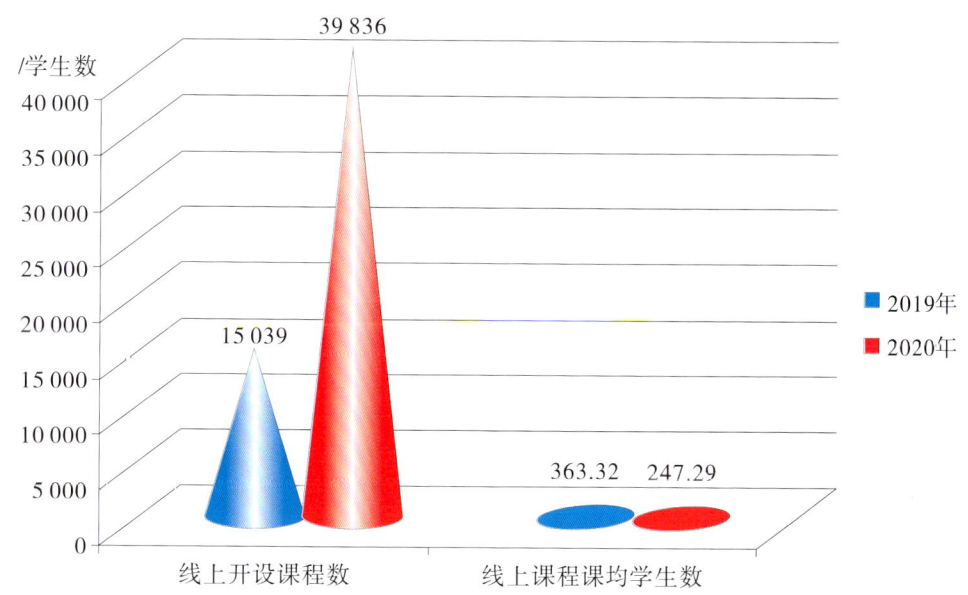

图6　2019—2020年线上开设课程数和课均学生数比较

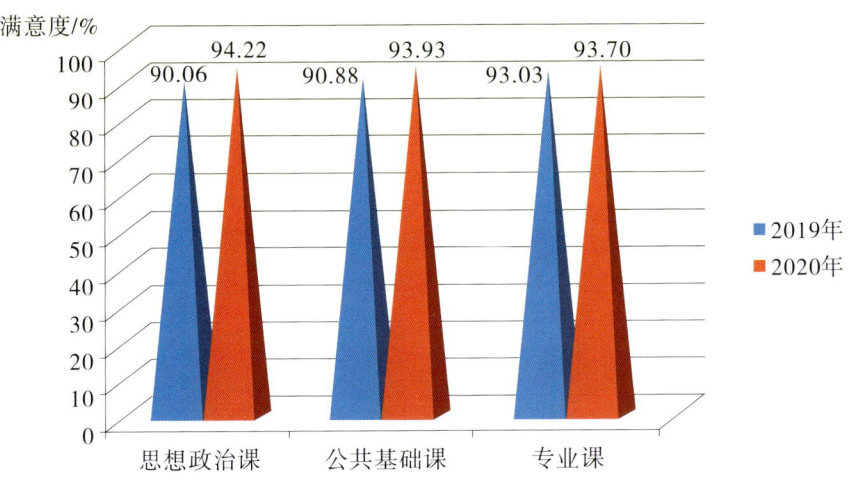

图7　2019—2020年学生对课程教学满意度比较

2020年，对广东省31万高职学生的问卷调查显示，课堂理论教学、课堂实践教学和课堂理实一体化教学、军事训练的满意度均在91%以上（见图8）。

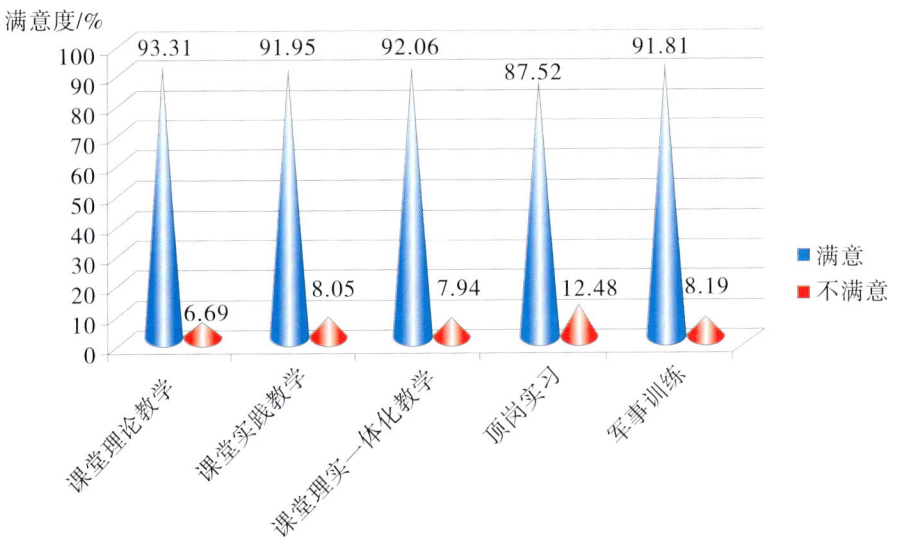

图8　学生对教学工作的满意度

4.2.2　校园管理有温度，满意度稳中有升

在疫情防控常态化背景下，广东各高职院校主动作为，始终坚持全员、全过程、全方位育人理念，把服务学生健康成长作为学校管理的第一要务。对全省高职学生的调查结果显示，在校生对管理和服务工作总体满意度上升，其中后勤服务满意度为

75.59%，比 2019 年提高了 4 个百分点（见图 9）；对食堂、宿舍、校园环境的满意度分别是 82.94%、80.99%、85.43%（见图 10）。

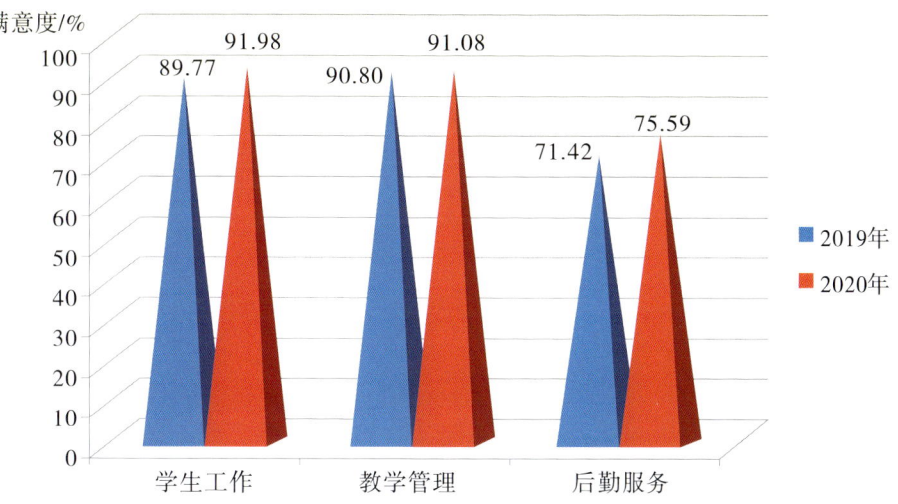

图 9　2019—2020 年学生对学校管理和服务工作满意度比较

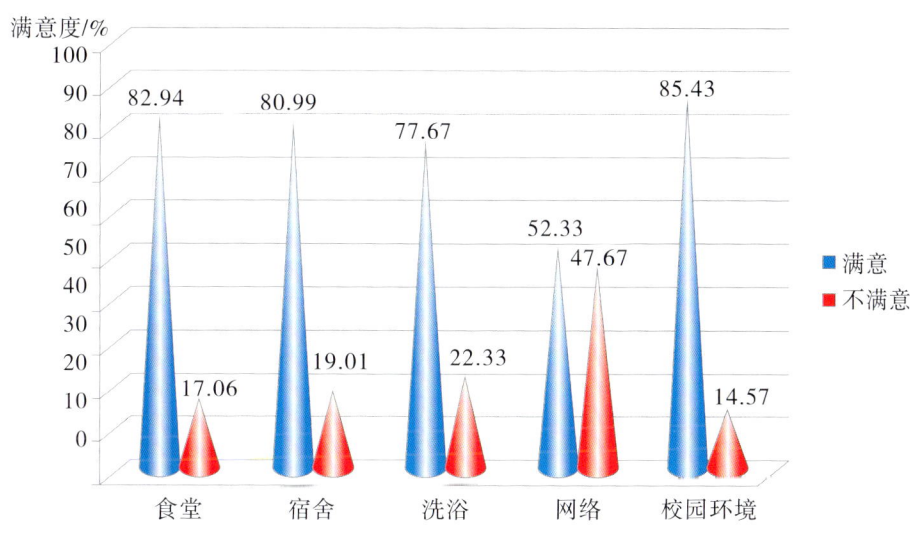

图 10　学生对学校后勤服务工作的满意度

4.2.3　社团活动覆盖广，职业发展个性化

广东各高职院校聚焦人才培养目标，深耕校园文化品牌，营造出清新高雅、积极向上的校园文化氛围。目前全省共有思想政治类、科学技术类、文化艺术类、体育健身类、志愿公益类、职业发展类等学生社团 9 296 个，注册会员 412 993 人，学生对各类社会实践的满意度均在 90% 以上（见图 11）。

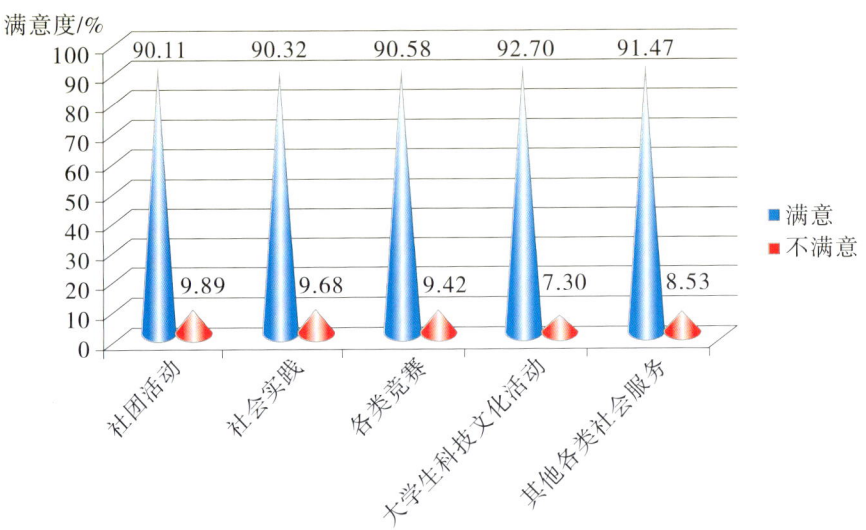

图 11 学生对社会实践活动等的满意度

> **案例 12**　　　　以武化人，传统技艺"蔡李佛拳"进课堂
>
> 江门职业技术学院将国家级非物质文化遗产"蔡李佛拳"引入课堂，开创"传统体育＋传统文化"的"以武化人"特色教育模式，两次登录由教育部主办、中国青年报社承办的学校体育艺术教育弘扬中华传统文化成果展示活动纪录片《传承的力量》，并于 2020 年 1 月受邀参与中央电视台春节戏曲晚会的录制，学校获"全国职业院校传统技艺传承与示范基地"荣誉称号。

江门职业技术学院"蔡李佛拳"表演团队登上中央电视台春节戏曲晚会舞台

4.2.4 扶智扶志有力度，贫困学生有资助

广东各高职院校助力脱贫攻坚和阻断贫困代际传递，把扶贫与"扶智""扶志"相结合，着力培养学生自立自强、诚实守信、知恩回报、爱国担当的优秀品格。2020年，全省高职院校实现了家庭经济困难学生全覆盖，共发放困难补助 7 357.94 万元，帮扶学生 91 060 人；减免学杂费 15 458.25 万元，帮扶学生 23 668 人。

4.3 职业发展

4.3.1 精准施策，稳就业成效显著

为贯彻落实教育部《关于应对新冠肺炎疫情做好 2020 届全国普通高等学校毕业生就业创业工作的通知》和《广东省人民政府关于印发广东省进一步稳定和促进就业若干政策措施的通知》精神，省教育厅周密部署，千方百计做好疫情期间毕业生就业工作，拓宽就业渠道，提高就业服务水平，全力推动毕业生稳就业，成效显著。全省高等职业教育 2020 届毕业生就业相关数据见表 6。

表 6　广东省高等职业教育 2020 届毕业生就业相关数据

应届毕业生人数	毕业生就业人数	毕业生对口就业人数	毕业生就业平均起薪线/元	到中小微企业等基层服务的应届毕业生人数	到 500 强企业就业的应届毕业生人数
261 263	233 447	172 315	3 460.92	171 641	10 093

4.3.2 专本协同，本科插班生翻倍

根据《教育部发展规划司关于做好 2020 年全国硕士研究生和普通专升本招生计划管理工作的通知》精神，在综合考虑经济社会发展需求、财政支撑能力和高校办学条件的情况下，扩大普通高校专升本招生规模，落实普通高校专升本扩招，拓宽毕业生深造渠道。2020 年全省本科插班生报考人数为 90 913 人（含"三二分段"专升本转段），比 2019 年增加 34 776 人，增长 61.95%；招生计划数为 45 931 人（含"三二分段"专升本转段），比 2019 年增加 31 169，增长 211.14%。本科插班生招生共录取 50 506 人，超额完成了公布计划，为 2019 年的 2.8 倍，其中，本科插班生录取 48 854 人、"三二分段"专升本转段录取 1 652 人。对建档立卡贫困家庭考生实行单独录取，对分数达到省最低控制分数线的建档立卡贫困家庭考生安排增量计划，单独录取，共录取 997 人。

4.3.3 精细服务，毕业生入伍达标

为贯彻党中央、国务院、中央军委关于征兵工作的决策部署，广东省教育厅成立全省高校征兵工作领导小组，下设高校征兵工作办公室，统一组织协调全省高校征兵工作，将毕业生征兵任务完成情况纳入高校党委书记抓基层党建述职评议考核，不断完善毕业生参军入伍优惠措施（见表7），并坚决推动落地见效，积极鼓励引导毕业生参军入伍，确保入伍阶段"一站式"服务全程贯通，在伍期间"一系列"保障全时跟上，退伍优待"一条龙"办理全员到位。2020年全省共征兵大学毕业生5 093人，占总数的21.4%，比2019年提高6.4%，圆满完成了省委省政府提出的"大学毕业生比例达到15%以上"的年度任务和目标，达到全国先进水平。

表7　2020年毕业生参军入伍主要优惠措施

优惠措施	具体内容
放宽专升本条件限制	从2022年起，放宽普通高等职业院校（专科）大学生士兵升学条件限制，高职（专科）毕业生及在校生（含高校新生）应征入伍，退役后在完成高职（专科）学业的前提下，可免试入读普通本科，或根据意愿入读成人本科
放宽复学转专业限制	除定向生、委培生以及国家、省禁止转专业的情形外，大学生士兵退役后复学，按学校有关规定在当年开放转专业的专业和人数范围内，不受专业门槛、成绩、学科限制，优先转入本校其他专业学习
免修相关课程	大学生退役复学后，可免修体育、军事技能、军事理论以及相关公共选修课程，具体课程及赋分办法由各高校制定，课程赋分要体现激励性
入伍经历视同实习经历	除考取行业职业资格证等有特殊要求的外，全省普通高校高职（专科）在校生（含高校新生）的入伍经历可作为毕业实习经历

> **案例13**　**爱国教育显成效，参军强志报效祖国**
>
> 中山职业技术学院坚决贯彻习近平总书记关于强军兴军重要讲话和指示批示精神，不断推进爱国主义教育，青年学生参军入伍、报效祖国的意愿十分强烈。2020年共有147名学生参军入伍，超额完成省、市下达的大学生征兵任务，得到省、市主流媒体的热烈关注和竞相报道。"中山日报"以《95后退役士兵袁锦俊、郑梓豪、陈知尊》《父子三人接力从军的直招士官梁国宙》接连报道学校征兵工作中涌现的优秀典型人物和事迹。广东广播电视台、南方都市报将学校征兵工作亮点举措进行专题拍摄宣传，广东新闻频道《权威访谈》特别策划《参军我光荣》系列第一集"携笔从戎，让青春在部队闪光"专题节目。学校荣获2019年度广东省征兵工作先进单位称号。

中山职业技术学院党委书记欢送入伍青年学生

4.3.4 决战"双创",国际大赛显身手

广东省高职院校以大赛引领创新创业教育改革,并以此带动人才培养范式变革,以赛促教,激发学生创新创业热情,形成新的培养观、质量观、人才观、教育观,引领和鼓励学生为国家承担起复兴的重任。在第六届中国国际"互联网+"大学生创新创业大赛中,全国149所高职院校获奖209项,广东9所高职院校获得金、银奖13项,位列全国第一(见表8)。

表8 第六届中国国际"互联网+"大学生创新创业大赛广东省获奖名单

序号	学校名称	金奖	银奖
1	深圳职业技术学院	2	—
2	广东轻工职业技术学院	1	2
3	广东科贸职业学院	1	—
4	广州番禺职业技术学院	—	2
5	中山火炬职业技术学院	—	1
6	深圳信息职业技术学院	—	1
7	顺德职业技术学院	—	1
8	中山职业技术学院	—	1
9	广州铁路职业技术学院	—	1

案例 14　　创高新技术企业，助当地精准扶贫

深圳职业技术学院建筑与环境学院 2019 届毕业生何星宇是深圳市金阳光实业发展有限公司控股股东和法定代表人，其创业公司是集元宝枫种苗繁育、种植，元宝枫深度研发、元宝枫创新药开发、系列产品生产及销售为一体的唯一全产业链贯穿的高新技术企业，在云南曲靖育有超 7 000 亩 8 年以上元宝枫成林树，公司产品曾获得 10 项国家专利和 3 项国际专利。公司响应国家产业扶贫政策，将种植基地和工厂落户于云南省曲靖市，每年为当地提供超 1 500 个就业岗位，并与当地合作社和农户签订果叶回收协议，惠及农户 400 余户，每户年均增收超 2 万元。

何星宇创立的公司在云南曲靖的种植基地和生产车间

5 教学改革

5.1 专业建设

2020年，广东省高职院校主动适应区域经济社会发展需要，不断优化专业结构，引进新技术、新工艺，借助信息化转型升级传统产业，紧贴战略性新兴产业、紧密对接战略性支柱产业，构建高水平专业群积极促进教育链、人才链、产业链和创新链的有机衔接。全省已立项19个国家级高水平专业群、185个省级高水平专业群，覆盖了19个高职专业大类。

5.1.1 借力"数字化"，助推专业升级改造

广东高职院校数字化推动专业升级改造，体现"五新"，即有新定位、新名称、新内涵、新结构、新体系；做到"五个对接"，即对接时代发展、对接数字经济、对接科技进步、对接市场需求、对接新职业岗位。2020年，广东高职院校有24个省级一类品牌专业和50个省级二类品牌专业通过验收。全省共设立430个专业、3210个专业点，基本覆盖了国民经济各领域，培养了一大批支撑经济社会发展的技术技能人才。2020年，全省新增372个专业点，新开设的招生专业对应18个专业大类（见图12），停招336个专业点，64.71%的新增专业对接广东省十大战略性支柱产业集群或十大战略性新兴产业集群。

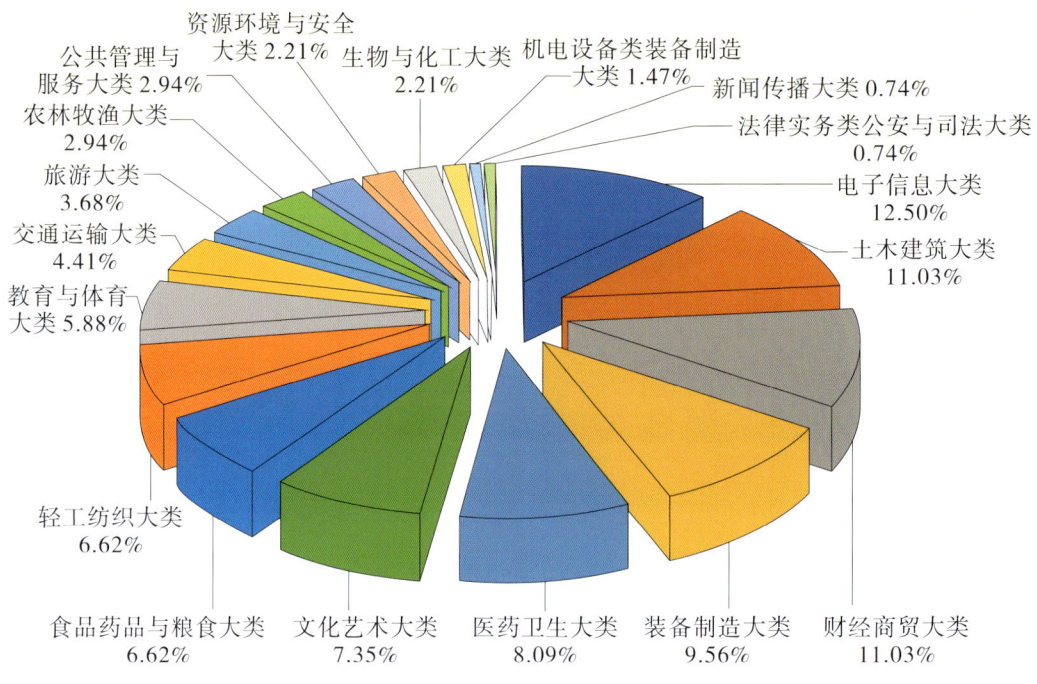

图12 2020年广东省高职院校新增专业点分布

> **案例 15   建成国内首家覆盖全产业链的移动通信专业群**
>
> 　　深圳信息职业技术学院积极响应"专业建在产业、产业促进专业、专业服务行业"的号召，组建了国内首家覆盖上游芯片设计到下游移动业务应用全产业链的，以移动通信技术专业为龙头，以物联网应用技术和计算机网络技术为骨干，以微电子技术、信息安全与管理为支撑的移动通信技术专业群，并与移动通信专业领域龙头企业建成华为ICT产业学院和深圳信息职业技术学院"芯火"产业学院，全面支撑深圳移动通信产业发展。

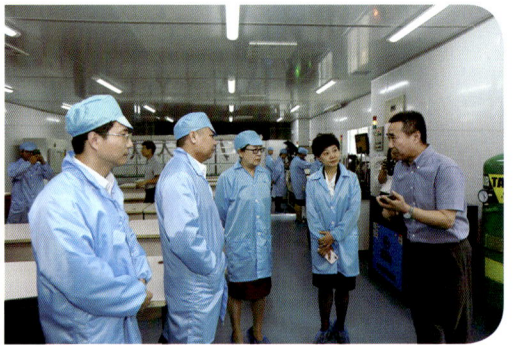

深圳信息职业技术学院成立华为ICT产业学院揭牌仪式

5.1.2 建立标准体系，推动专业提质培优

广东通过组织省级层面的中职—高职—应用本科衔接的专业教学标准和课程标准研制实践，形成了"能力衔接、系统培养"的标准建设思想，确定了供需调研、职业能力分析、课程体系构建、标准编制的基本路径，探索了"分环节、定目标、解能力、转课程"的系列方法，这一标准研制的理论和方法体系指导职业院校开展校级层面的专业教学标准研制及人才培养方案制定，助力国家、省、校三级专业教学标准体系构建。2020 年，广东高职院校 72 个专业教学标准被国（境）外采用，259 个课程标准被国（境）外采用。

> **案例 16** 　　**依循职业标准，研制医科实践教学标准**
>
> 肇庆医学高等专科学校作为省高职教育医药卫生类专业教学指导委员会原主任单位，牵头组织省内 9 所高职院校和多家行业企业单位，根据《高等职业学校专业教学标准》《中国医学生临床技能操作指南》《护士执业资格考试大纲》《广东省医疗卫生机构岗位管理指导意见》，针对广东护理、药学、助产、医学检验技术、中药学、康复治疗技术和健康管理等 7 个专业的实践教学情况，完成了 7 个专业的《实训教学标准》和《实训室建设标准》，并通过省级验收，对全省各高职院校开设相应专业的实训室建设和实践教学，规范实训教学条件和实训教学内容，提升实训室管理水平，提高实训设备使用效率起到重要指导作用。

广东省高职教育医药卫生类专业教学指导委员会验收《实训教学标准》和《实训室建设标准》

5.1.3 开展试点工作，书证融通双元育人

广东高职院校积极推动专业、企业与产业"同频共振"。一是全面推进现代学徒制。2020 年，广东 76% 的高职院校开展现代学徒制试点，136 个专业的现代学徒制试

点数共为 688 个。二是扩大规模开展"1+X"证书制度试点。2020 年，参与学生 17 万人，试点院校 275 所，试点证书 88 个，覆盖 96% 的证书，试点规模位居全国前列；考核 17 万人次，考核人数全国第一；"粤菜制作""粤点制作"两项专业技能列入国家职业技能等级证书目录。

> **案例 17**　　　　**书证融通，重构专业核心课程体系**
>
> 东莞职业技术学院作为国家首批"1+X"Web 前端开发职业技能等级证书的试点院校，以《Web 前端开发职业技能等级标准》为基础，针对 HTML 基础及 HTML5 标签、CSS 及 CSS3 应用、JavaScript 基本语法与高级编程、ES6 标准、数据库应用等 5 项技术技能，结合 Web 前端技术体系，并从行业基础、前端核心技术、前端框架、移动端开发、前端工程化以及 Web 全栈技术等 6 个方面进行综合分析，最后根据能力标准与知识要求开发、设置用于支撑技术能力和知识要求的课程，构建了 Web 前端开发核心课程体系。学生参与证书考核人数逐年提升，通过率远高于全国平均通过率。

东莞职业技术学院计算机工程系开展"1+X"证书制度试点

5.2 课程改革

广东深入贯彻落实《国家职业教育改革实施方案》《职业教育提质培优行动计划（2020—2023 年）》文件精神和要求，紧密围绕提升职业教育专业和课程教学质量，实施职业教育"三教"改革攻坚行动，借助信息技术和立足工作场景，加大优质教学资源建设，推动课程改革，构建"三全育人"格局，落实立德树人根本任务。

5.2.1 构建思政格局,推进"三全育人"

广东高职院校深入贯彻《广东省教育厅关于全面推进高职院校课程思政建设工作的意见》(粤教职〔2020〕9号),落实立德树人根本任务,大力推进习近平新时代中国特色社会主义思想进课堂、进教材、进头脑,多措并举,推动课程思政与思政课程同向同行。例如,广东科学技术职业学院建立了粤港澳大湾区党建基地、南粤国防教育基地,打造珠澳特色微资源库,开发了73门课程思政示范课,组建了53支课程思政教学团队,于2020年入选《人民德育》"三全育人"课程思政教育资源建设示范校。

> **案例18** **"三协同·三融入·四标准",推进课程思政全覆盖**
>
> 广东轻工职业技术学院将"课程思政"建设作为党政一把手工程,成立课程思政教学研究中心,系统构建了"334"("三协同·三融入·四标准")课程思政全覆盖育人模式,构筑学生思想成长的"同心圆",提升立德铸魂育人实效。一是建立课程思政全方位协同教学机制,推进教师协同、课程协同、校企协同;二是实现思政元素全覆盖,混编教学团队,全面挖掘通识基础课程、专业教育课程、实践类课程的思政元素融入教学过程;三是健全课程思政全领域质量标准,分类制定包含思政元素内容的课程标准、课堂教学评价标准、教学团队标准和质量评价标准。改革成效显著,建成10门课程思政品牌课程、500门课程思政课程标准、10个混编教学团队,评选出金牌讲师30余名、课程思政优秀教师18名,培育了课程思政教学成果5项,举办课程思政说课比赛13场。学校成为全国职业院校课程思政研究院副院长单位,获"广东省首批高校'双带头人'教师党支部书记工作室""教学管理50强""实习管理50强""育人成效50强"等荣誉。新华网等媒体对学校"课程思政"成果进行了报道。

5.2.2 利用信息技术,推动课堂革命

广东高职院校大力推进智慧校园建设,利用信息技术、智能技术等新技术推动课堂革命,赋能高职院校综合改革和人才培养质量提升。例如,广东行政职业学院形成基于"优慕课平台+钉钉直播"的"二线三段五环"在线教学改革模式("二线",即"教师和学生"两个主体;"三段",即"课前、课中和课后"三个阶段;"五环",即"自主学习、合作探究、展示提升、有效训练、直播答疑"五个环节),积极运用到教学实践中,提升自身专业教学质量。

> **案例 19**　　**借力智慧教育，打造"三化"线上教学平台**
>
> 广东江门中医药职业学院贯彻落实教育部关于在疫情期间"停课不停学、停课不停教"的要求，借力智慧教育的信息化教学改革成果，依托职教云系统，在极短时间内组建了设计一体化、课程结构化、资源颗粒化"三化"线上教学平台，开展了有史以来规模最大、上线课程最多、覆盖人数最广的线上教学。全体任课教师坚持以学生为主体，充分发挥主观能动性，多途径多形式增强课堂吸引力，充分发挥信息技术优势打造线上"金课"。教师与学工队伍协同，有序组织课堂，提升"教"和"学"的质量，96.70%的学生对线上教学效果感到满意。

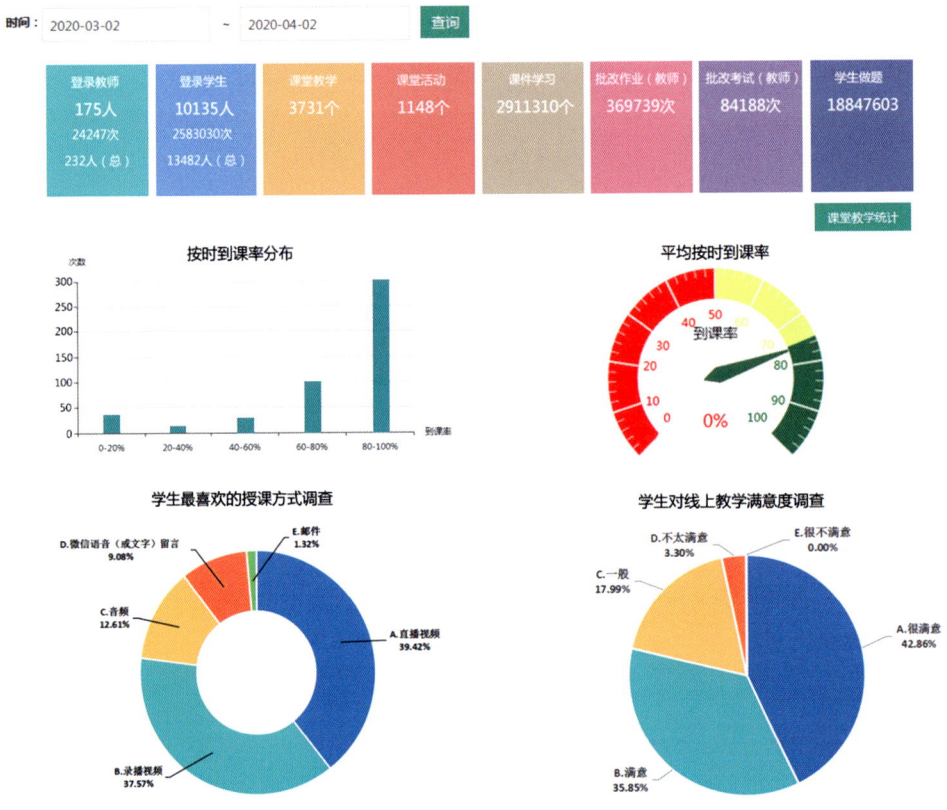

广东江门中医药职业学院智慧教育线上教学反馈图

5.2.3　立足工作场景，优化教学过程

随着产业转型升级以及大、智、移、云等新技术的广泛应用，工作场景个性化、复杂化，倒逼职业教育教学改革。广东高职院校围绕复合型技术技能人才培养目标，

遵循技术技能习得规律，紧密对接企业岗位需求，立足工作场景，优化教学设计和开展教学工作，实现教学过程与生产过程对接。

> **案例 20**　　　　　　　**立足工作场景，开展订单培养**
>
> 东莞职业技术学院与碧桂园开展订单培养。一是从专业认知教育开始，将碧桂园企业文化引入建筑学院日常教学过程中。二是邀请碧桂园集团专家参与人才培养方案修订，合作开发碧桂园特色课程，以专业拓展课程模块为平台，分专题组织多名技术骨干进校授课。三是带领学生到工地上实地开展教学，学习建造企业前沿技术。四是利用碧桂园集团捐赠铝膜等先进施工设备，促进学生实践与理论的创新结合。五是校企双方共同打造了一支混合型教师团队。碧桂园班学生通过这样的合作平台增强了信心，掌握了建筑业新型技术，充分利用学校与碧桂园创造的各项条件，努力增长才干。

东莞职业技术学院建筑学院实施订单培养的探索与实践

5.2.4　建设优质资源，促进高质量发展

广东各高职院校一是积极开展教材及教学资源建设，突出校企合作，注意吸收行业发展的新知识、新技术、新工艺、新方法，创新教材形态，推行科学严谨、图文并茂、形式多样的活页式、工作手册式、融媒体教材，构建立体化的高职教育教材体系。2020 年，广东高职院校共有 218 本教材入选"十三五"职业教育国家规划教材（见图 13）。高职院校与产学合作企业共同开发教材 2 462 种，其中，与外资企业共同开发教材 40 种，与产学合作企业共同开发课程 5 413 门。

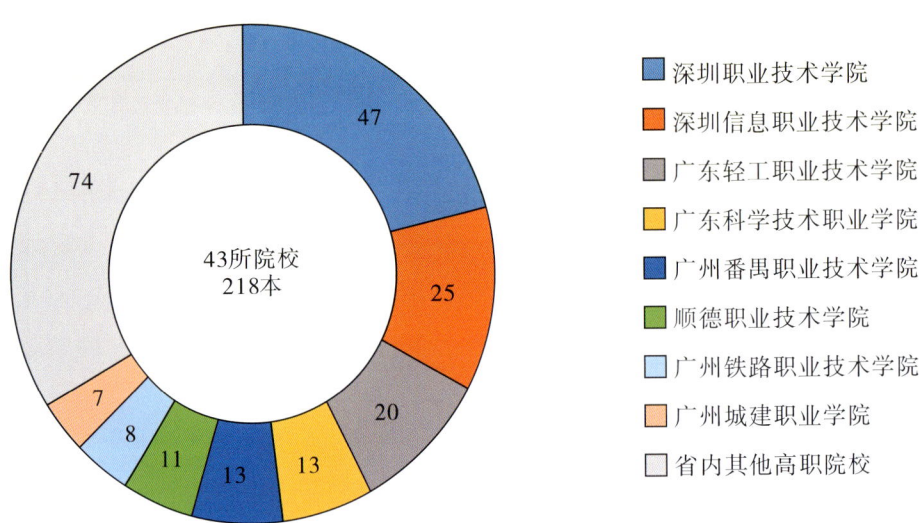

图13 广东省高职院校共有218本教材入选"十三五"职业教育国家规划教材

二是促进现代信息技术与教育教学改革深度融合，打造适应产业生产新流程的优质课程体系。对接产业生产流程，形成以工作任务为导向、以工作流程为主线，体现"教、学、做"一体化特色，适应产业新形态的进阶化课程体系，打造了一批高水平的课程资源。开发19个国家教学资源库和31个省教学资源库，建设229门国家和1 055门省精品课程。2019—2020年广东省高职院校作为第一主持单位的8项资源库获批立项国家级专业教学资源库项目，5门课程被认定为国家级精品在线开放课程（见表9）。

表9 2019—2020年广东省高职院校获得国家级立项（认定）的教学资源

序号	类别	名称	（第一）主持单位
1	国家级专业教学资源库	飞机机电设备维修	广州民航职业技术学院
2		铁道供电技术	广州铁路职业技术学院
3		影视动画	深圳职业技术学院
4		供用电技术	广东水利电力职业技术学院
5		商务英语	广州工程技术职业学院
6		广告设计与制作	广东轻工职业技术学院
7		工程机械运用技术	广东交通职业技术学院
8		会计信息管理	广东科学技术职业学院
9	国家级精品在线开放课程	工程制图及CAD	广东交通职业技术学院
10		空气动力学基础与飞行原理	广州民航职业技术学院
11		工程成本会计	广东建设职业技术学院
12		网页设计基础	广东工贸职业技术学院
13		轨道交通车辆制动机维护与运用	广州铁路职业技术学院

案例 21　参加教材编写，助力"1+X"证书制度实施

广东交通职业技术学院为积极响应教育部等部门联合印发的《关于在院校实施"学历证书＋若干职业技能等级证书"制度试点方案》文件精神，学院计算机网络专业黄君羡老师主编了华为"1+X"认证配套系列丛书中的《网络系统建设与运维》（中级），并作为主编代表亮相2020年在华为举办的以"产教融合·技赢未来"为主题的华为"1+X"职业技能等级证书配套系列教材发布会。该教材作为华为"1+X"职业技能等级认证配套教材，将在全国发行，可作为各类学校教师和学生学习华为网络和智能计算技术方向标准的教辅材料。

广东交通职业技术学院黄君羡老师在教材发布会现场

案例 22　深化信息技术与教学融合，倾心打造国家级精品慕课

广州民航职业技术学院刘艺涛教授把建设和应用在线开放课程作为深化教学改革、提高教学质量的重要抓手，主持建成了该校首门国家级精品在线开放课程"空气动力学基础与飞行原理"。该课程目前在智慧职教和MOOC学院两个平台运行，不仅在校内飞机维修专业群中全面应用，还被中国民航大学、成都航空职业技术学院等院校选用，累计有387所院校9 814人选课，被44所院校调用（SPOC），学习人数达20 453人，在全国相同或相似课程中位居第一。

广州民航职业技术学院刘艺涛教授上网课

5.2.5 运用资历框架，推动教学改革

广东高职院校积极运用资历框架推动教育教学改革。例如，广东机电职业技术学院应用资历框架，对高职扩招中的各类生源学习成果进行认定；广东轻工职业技术学院应用资历框架开展"1+X"证书制度试点的学分认定、转换、积累；广州番禺职业技术学院应用资历框架开展"1+X"证书制度试点的书证融通建设。2020年《广东终身教育资历框架等级标准》应用与实践入选联合国教科文组织案例集。

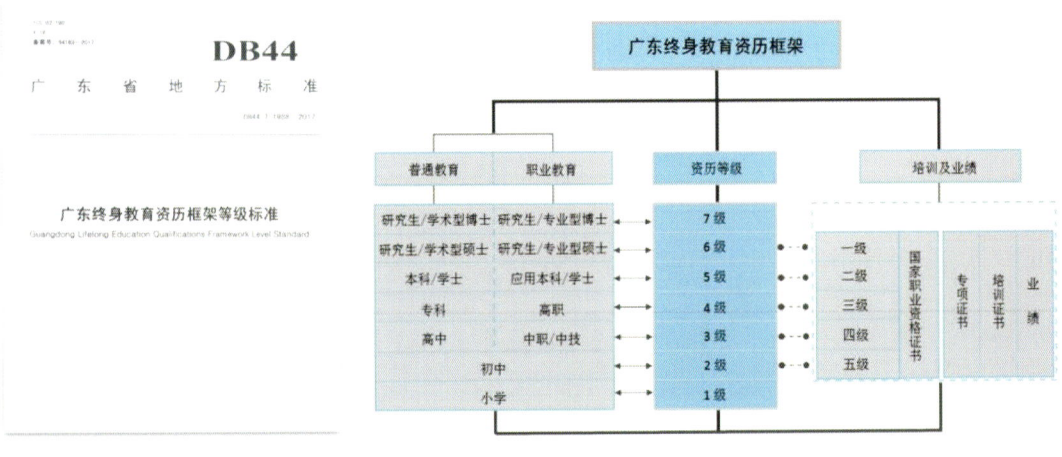

广东终身教育资历框架等级标准

5.3 师资建设

广东紧紧围绕高职教育高质量发展的目标，着力加强和改进师德师风建设，健全"双师型"教师培养培训体系，创新教师考核评价和退出机制，打造了一支师德高尚、技艺精湛、专兼结合、充满活力的高素质"双师型"教师队伍。2020年，广东省高职院校专任教师总数42 951人，比2019年增加了11.07%，生师比为16.41∶1，"双师"素质专任教师占比66.70%，高级专业技术职务专任教师占比为29.27%；专任教师年培训量达到909 045.44人日，平均每位专任教师进行培训21.16人日。高职院校参加全国职业院校技能大赛教学能力比赛获得一等奖2个、二等奖11个、三等奖2个[①]，8个案例入选首批全国职业院校"双师型"教师队伍建设典型案例[②]，数量位列全国第一。

5.3.1 思想行动铸魂，强化师德师风建设

广东认真践行习近平总书记讲话精神，各高职院校积极建立完善教师政治理论学习制度，用习近平新时代中国特色社会主义思想武装教师头脑，努力使教师成长为中华优秀思想文化的传播者、中国共产党执政的坚定支持者。各高职院校认真落实教师职业行为准则，建立健全师德考核负面清单制度，严格执行师德考核一票否决，广大教师以德立身、以德施教的局面已然形成。深圳职业技术学院杨欣斌教授、广东水利电力职业技术学院林冬妹教授分别担任全国职业学校师德师风建设专家委员会副主任委员、委员[③]。

> **案例23　　　　　　身正为师，学高为范**
>
> 广东水利电力职业技术学院林冬妹教授长期从事思想政治教育工作，业绩突出，是"全国十大教书育人楷模"、"全国模范教师"、教育部"全国高校优秀思政课示范课百人巡讲团"成员、全国师德师风建设专家委员会职业院校专家委员会委员。她先后5次受到党和国家领导人的亲切接见。2019年，林冬妹参加习近平总书记主持召开的"3·18"座谈会和国庆70周年观礼。林冬妹身正为师、学高为范，已经成为我国职业教育师德建设的一面旗帜。受聘全国师德师风建设专家委员会后，她将带领广东省乃至全国的职业院校开展本领域的研究、咨询、指导、服务等工作，为我国的师德师风建设鞠躬尽瘁、奉献力量。

---

① 数据来源：关于2020年全国职业院校技能大赛教学能力比赛拟获奖项目的公示，发布日期：2020-12-12。
② 数据来源：教育部关于成立全国师德师风建设专家委员会的通知（教师函〔2020〕8号）。
③ 信息来源：教育部关于成立全国师德师风建设专家委员会的通知（教师函〔2020〕8号）。

广东水利电力职业技术学院林冬妹教授

5.3.2 评价机制创新，引导教师潜心育人

广东高职院校认真落实《深化新时代教育评价改革总体方案》文件精神，把立德树人成效作为根本任务，深化教师职称制度改革，坚持重师德、重能力、重业绩和重贡献，注重对教师教书育人、实践能力和科研水平的综合评价，将师德师风、工匠精神、劳模精神、实践技能水平和教育教学实绩作为职称评聘的主要依据，广大教师教书育人的积极性得到了有效激发。例如，广东机电职业技术学院将师德风范、教育教学、科研和社会服务成果进行量化，达到门槛分数才能参与职称评审；改革代表作评审制度，除论文外，论著、精品课程、专利等均可作为职称评审时的代表作，引导教师切实将主要精力转移到人才培养工作上来。

5.3.3 工匠精神引领，提升教师"双师"素质

广东高职院校坚持走"产教融合、校企合作"道路，积极与行业领军企业合作，建立健全学校教师与企业技术骨干双向交流机制，推进学校教师与企业工匠融通，以工匠精神引领教师创新发展，培育了一大批跨界人才担任专业（群）带头人、骨干教师；联合规模以上企业共建"双师型"教师培训实践基地，采用全员轮训、进企入厂、承接项目等多种形式，有效提升了专业教师实践教学能力。

案例 24　　坚持立德树人，争当工匠之师

为围绕立德树人根本任务，以加强师德师风建设、锤炼教学基本功为着力点，彰显职业教育的教学特色，突出职业教育的教学规律，进一步引导广大高职院校青年教师努力成为一名有理想信念、有道德情操、有扎实学识、有仁爱之心的"四有"好教师，广东省教育厅和广东省总工会联合举办了第五届高校（高职）青年教师教学大赛，83 所高职院校的 674 名教师参赛。来自广东省外语艺术职业学院的管小青摘得文科综合组的桂冠，她展示的绝活为《绘声绘色：有风景的概论课》，主题演讲为"培育为时代画像、立传和明德的文艺工作者"。来自肇庆医学高等专科学校的余淑仪摘得理工综合组的桂冠，她展示的"绝活"为《目障心明，一针见血》，主题演讲为"最美红烛心"。当谈到自己的学生在新型冠状病毒肺炎疫情期间坚定执着、义无反顾冲到抗疫前线时，她不禁落下了泪水，现场观众也为之动容，为学生们无私奉献的精神深深感动。

 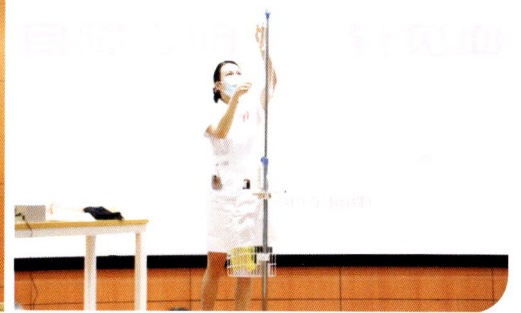

文科综合组第一名管小青老师比赛现场　　理工综合组第一名余淑仪老师比赛现场

6 产教融合

6.1 产教融合政策引导

广东贯彻落实国家产教融合相关政策文件精神，出台专项配套政策，统筹设计，明确行动路线。各地因地制宜，落实国家和省产教融合政策，建设高职院校产教融合集聚区。高职院校深化校企合作，创新校企合作新模式。企业参与办学积极性继续提升。2020年，44所高职院校发布了67份企业年报。

6.1.1 省政府统筹，完善产教融合激励政策

广东省出台《广东省产教融合建设试点实施方案》（粤发改社会〔2020〕418号），围绕产业链部署创新链，围绕创新链布局产业链，开展产教融合型城市、企业试点，加快制度创新，强化平台建设，提高产教协同育人和创新能力，支撑产业转型升级。2020年，中国南方航空股份有限公司等878家企业纳入广东省第一批建设培育产教融合型企业。

6.1.2 地方行动，推进区域城教深度融合

各地立足区域产业需求，加强职业教育与产业的对接和互动，完善制度，搭建平台，积极推进城教深度融合。如中山市出台《促进职业教育校企合作实施意见》，规范合作办学、组建联盟、订单培养、人员互聘兼职等校企合作的形式与内容，并从股份等形式上给予突破，对各方从审批、税务、绩效等多方面给予优惠或鼓励政策。再如佛山市出台《促进职业教育发展若干意见》，强调要以服务建设佛山现代化经济体系和实现更高质量、更充分就业需求为导向，对接科技发展趋势和市场需求，深入推进产教融合、校企合作，全面提升新时代职业教育现代化水平。

6.1.3　院校实践，打造产教融合集聚区域

各高职院校充分利用国家和省产教融合激励政策，主动对接各地重点产业发展规划，集聚优质资源，探索产教融合新机制。新进驻省职业教育城的5所高职院校加快首期工程和二期工程先行项目建设，对接清远产业发展，进驻4万高职学生，打造产教融合示范区。深圳职业技术学院贯彻落实《粤港澳大湾区发展规划纲要》要求，共建"粤港澳大湾区特色职业教育园区"，集聚优质高等职业教育资源，助推产教合作、校地合作的机制创新。

> **案例 25**　"学校+龙头企业"模式打造产教融合试点工程
>
> 为进一步深化专业领域高端人才培养，共同打造华南地区电子商务、跨境电商、人工智能、大数据、云计算职业教育新高地，培育和建设产教融合试点工程和面向华南地区开展产教融合、校企合作的示范性载体，2020年10月30日，广东工贸职业技术学院与京东集团在北京京东集团总部合作签约，成立京东教育研究院华南分院和京东（广州）国际产教融合协同创新中心，引入京东集团人工智能、大数据、无界零售、跨境电商等方面的人力与技术优势资源，实施产教对接对话，在职业教育产教融合、技术应用等方面进行创新性研究，在标准引领、教材研发、技术研发、赛项研究、技术服务、课题研究等领域产生一批有影响力的成果。

广东工贸职业技术学院与京东集团签约及揭牌仪式现场

> **案例26**　　　　打造"三级五融四平台"工匠育训体系
>
> 广东南华工商职业学院于2018年成立全国首家省级工匠学院——广东工匠学院。学校以"工匠学院"为依托,以"职业教育是职业生成教育"为理念,形成以"三级五融四平台"工匠育训体系和"五维一体"匠心文化育人体系为载体的人才培养格局。2019年5月,中央电视台《工与匠》节目对学院做了专题报道。人民日报、南方日报等主流媒体也对学院进行了大量报道和重点关注。

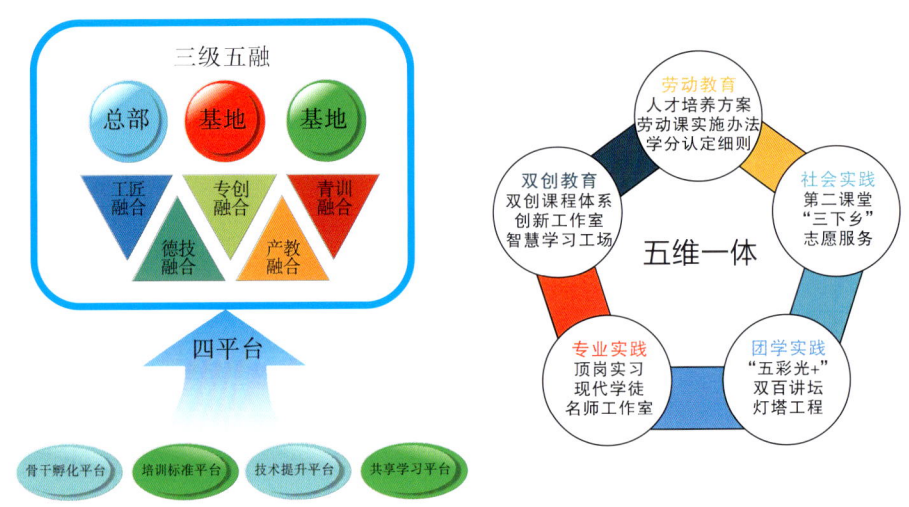

广东南华工商职业学院"三级五融四平台"工匠育训体系

6.2 校企合作共建平台

广东高职院校精准对接行业企业需求,政校行企共建职教集团、产教融合联盟、产业学院,推动各种类型校企合作平台实体化运作,健全产教融合长效机制。

6.2.1 多元参与,推进职教集团实体化运作

广东高职院校积极推进校企深度融合,助推现代职业教育体系建设,建立了一批以高职院校为牵头单位的职教集团。2020年,广东机电职业教育集团等9个职教集团入围全国第一批示范性职业教育集团培育单位,其中8个职教集团为高职院校牵头(见表10)。

表 10　广东省高职院校牵头入选全国首批示范性职教集团培育单位

序号	集团名称	牵头单位
1	珠海市职教集团	广东科学技术职业学院
2	广东机电职业教育集团	广东机电职业技术学院
3	广东建设职业教育集团	广东建设职业技术学院
4	广东食品药品职业教育集团	广东食品药品职业学院
5	广东工贸职业教育集团	广东工贸职业技术学院
6	店长职业教育集团	广州番禺职业技术学院
7	广东轻工职业教育集团	广东轻工职业技术学院 广东轻工业联合会
8	中国水利职业教育集团	广东水利电力职业技术学院 黄河水利职业技术学院

案例 27　　　　"五方三层"打造职教利益共同体

广东机电职业教育集团构建了兼顾各利益相关主体的董事会治理结构。董事会设置了"五方三层"组织架构，即集团由政、行、校、企、研五方组成，分决策层、管理层、执行层三层推进工作。董事会是集团战略规划和重大事项的"决策层"，集团秘书处与教学、职业培训、技术服务、创新创业与就业、标准化建设等五个工作委员会作为"管理层"，产业学院等 21 个实体载体是集团服务落地的"执行层"。2020 年，广东机电职业教育集团成为全国首批示范性职教集团培育单位。

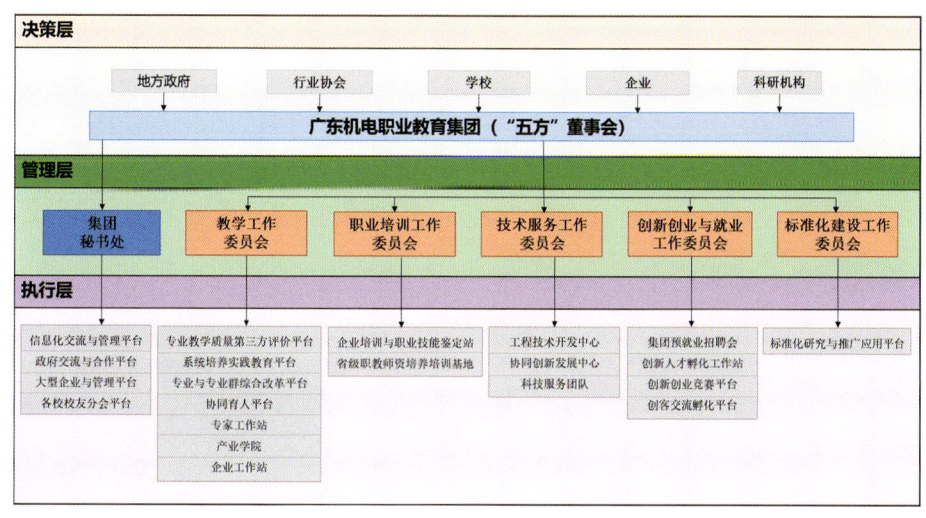

广东机电职业教育集团"五方三层"组织架构

6.2.2 校企对接,推动共建产业学院

广东高职院校对接优势特色产业,创新发展模式,建设多主体共建共享的产业学院,形成"行业+""产业协会+""企业+""职教园区+""科研院所+"等与地方需求对接,体现产教融合、校企合作的格局,校企合作企业4万余家。如汕头职业技术学院与汕头轻工装备企业联盟共建轻工装备产业学院,广东理工职业学院与巨轮智能装备股份有限公司共建工业机器人专业产业学院,广东农工商职业技术学院物业专业与广东省农垦集团公司成立粤垦物业学院,共同开展现代学徒制、订单培养等校企合作,进行精准育人。

> **案例28　珠澳跨境电商产业学院助力企业销售额破亿元**
>
> 为深化珠澳产教融合,培养适应粤港澳大湾区发展的跨境电商技术技能型人才,广东科学技术职业学院与澳门全朋友有限公司、珠海想要城电商企业孵化器有限公司成立珠澳跨境电商产业学院,以项目班和创业班为载体,打造珠澳校企命运共同体。截至2020年,共开展两期订单班,助力全朋友公司、想要城平台承办澳门电商节,完成销售额超过1亿元。订单班学生实习平均月工资为8 829元,最高达15 427元,多名学生成为公司业务骨干,在支撑和引领澳门经济适度多元发展的同时,为粤港澳大湾区发展注入新动能,打造了广东科学技术职业学院跨境电商服务珠澳融合发展的职教样板和典范。

广东科学技术职业学院组建的珠澳跨境电商产业学院

6.2.3 产教协同，跨界建立特色职教联盟

广东高职院校积极探索产教协同新机制、新模式，职业院校与产业、行业企业组织等共建职教联盟，共商共议共谋发展。职教联盟以资源共享、优势互补、协同创新、合作共赢等为目的，整合"政、校、行、企、研"多方资源，搭建合作交流平台，推进产教融合、校企合作的创新发展，成立了粤港澳大湾区职业教育联盟、华南"一带一路"职业教育水利电力联盟等特色职教联盟。

> **案例29** 牵头成立职教联盟，建设南方水电职教高地
>
> 广东水利电力职业技术学院牵头发起并成立华南"一带一路"职业教育水利电力联盟。广东水利电力职业技术学院当选理事长单位，另有19家华南水利电力职业院校和企业当选副理事长单位。该联盟旨在汇聚国内外职业教育水利电力领域的教育专家与企业领袖，致力于联结职业教育国际优质资源，搭建世界水利电力校、企、行、政平台，打造"一带一路"水利电力国际合作新模式、新标准、新品牌，为世界提供中国水利电力职教方案，提升华南职业教育水利电力院校对外开放水平和国际影响力。

华南"一带一路"职业教育水利电力联盟成立现场留影

6.3 协同育人成效显著

广东高职院校将产教融合理念融入教育教学全过程，坚持双主体育人，开展校企协同育人模式改革；坚持校企共建共享原则，优势资源互补，打造一批高水平的实践教学与培训基地。76%的高职院校开展现代学徒制试点，全国试点单位38家，位列全国第一，配合省发展改革委遴选第一批878家建设培育的产教融合型企业。

6.3.1 企业参与，产业需求融入"三教"改革

各高职院校以产教融合理念指导"三教"改革，鼓励并引导企业参与人才培养模式改革。例如：广东轻工职业学院探索一套适合专业群的"专业+工厂"的"校企双主体、工学双结合"人才培养模式，订单培养比例达到80%以上；佛山职业技术学院与海尔集团实施校企"双导师制"教学，海尔企业兼职教师学年承担实践类课程教学工作量达26.8%以上；东成公司参与中山职业技术学院家具艺术设计专业4本教材的开发。

6.3.2 校企协同，全面推行现代学徒制试点

截至2020年，广东省76%的高职院校已开展现代学徒制试点申报，全国试点单位38家，位列全国第一。罗定职业技术学院体育运营与管理专业与广州逸年四季健身管理有限公司合作，按照"学生—学徒—准员工—员工"的思路，开展现代学徒制试点合作工作。广东环境保护工程职业学院建筑工程技术专业与广州鑫桥建筑工程有限公司合作推进现代学徒制"15421"人才培养改革。

> **案例30 多维交互齐头并进，探索"双主体"协同育人**
>
> 顺德职业技术学院与顺德跨境电子商务商会共建教育部第三批现代学徒制应用英语专业试点。试点创新采用了先招生后招工的模式，校企联动完善人才培养方案、课程体系，搭建了由校内导师17人、企业师傅29人组成的教学团队，提出"校内实训打基础，企业操作提技能"的理念，构建了"124"现代学徒制人才培养模式。学校现代学徒制实施效果良好，试点班获评校级优秀学风班，1人获评国家奖学金，1人获全国高职高专英语写作大赛省级一等奖。"双导师"教学团队先后获广东省职业院校信息化教学大赛高等职业教育组信息化教学设计比赛一等奖1项和课堂教学比赛一等奖1项以及全国职业院校教学能力比赛二等奖1项，获省级外语外贸服务与研究协同创新中心立项。

顺德职业技术学院学徒制学生在跨境电子商务商会进行实战训练

6.3.3 共建共享，校企实现优质资源互补

广东高职院校积极推进校企资源互通机制建设，通过引企（行）入校，设立"校中厂"，实现校内实训基地生产化；通过引校入企，在企业成立"厂中校"，实现校外实训基地教学化，提升专业建设水平，提高实践教学基地建设质量。阳江职业技术学院与阳江市业通工贸实业有限公司、阳江市电子商务学会等共建银岭创新创业实践基地，立项为省级产教融合基地。广东行政职业学院以广州市花都珠宝城有限公司行政管理专业校外大学生实践教学基地为基础，构建一个"1+2+N"的开放式实践育人平台。广东南华工商职业学院的合作企业累计投入超过50万元的实训设备和现金建设校内实训基地。

> **案例 31** 航院联手中国航油，首建高职航空油料专业
>
> 广州民航职业技术学院与中国航空油料有限责任公司，在校企合作"2+1"航油订单班的基础上，开设了普通三年制的高职航空油料专业。该专业实施校企双主体办学，以"产教融合、订单班先行"作为航油专业人才培养模式的核心理念；校企双方共同研究制定航空油料专业的课程体系、招生规模、各省招生指标、招生要求等；企业提供专家作为兼职教师讲授全部专业核心课程，并提供遍布全国的航油分公司作为实习实训基地。2020级航油专业首次面向全国招生，新生实际报到39人。

广州民航职业技术学院举办航空油料新增专业专家论证会

7 政策保障

7.1 落实政策

广东全面落实《国家职业教育改革实施方案》《职业教育提质培优行动计划（2020—2023年）》，实施《广东省职业教育"扩容、提质、强服务"三年行动计划（2019—2021年）》，推动全省高等职业教育高质量发展，努力打造全国职业教育高地。

7.1.1 实施高水平高职院校和专业建设计划

广东省下达1.3亿元省财政配套资金，组织14所入选中国特色高水平高职学校和专业建设计划（以下简称"双高计划"）的高职院校按照教育部要求，进一步完善建设方案和任务书，规范和加强项目建设，稳步推进建设工作，确保项目建设成效。全省"双高计划"国家财政资金使用率达100%，省级配套资金使用率达100%，高质量完成预定项目建设任务，建设水平稳步提高。广东省组织开展省级高职院校高水平专业群建设，召开高水平专业群线上交流会议，立项首批185个省级高职高水平专业群，启动18所广东省一流高职院校建设计划验收工作。

7.1.2 推动"提质培优"有效落地

广东深入贯彻落实《职业教育提质培优行动计划（2020—2023年）》，及时转发文件，制定有关省直部门和教育厅有关处室分工方案，组织指导各地、各校加强文件学习，准确理解工作任务，落实经费投入，积极主动承接相关任务（项目），推动全省职业教育着力夯实基础、补齐短板，着力深化改革、激发活力，提质培优、增值赋能、以质图强，有效落实国家"提质培优"三年行动计划。我省共承接任务（项目）数42项，预计总投入经费52.30亿元，其中省财政拟投入14.10亿元。

7.1.3 高质量完成扩招任务

广东深入贯彻落实党中央、国务院有关决策部署，把高职扩招作为落实"六稳""六保"的战略举措，系统谋划，强力推进，2020 年录取 53.3 万人，扩招 18 万人，完成任务数的 2 倍。

一是加强领导、压实责任，全面扩大以需招生规模。省委、省政府主要领导多次作出指示批示，省委教育工作领导小组会议、省政府常务会议专题研究高职扩招。八部门印发扩招通知，建立扩招与财政资金奖补、"创新强校工程"考核等联动机制，压实工作责任。省教育厅先后走访 12 个省直部门和华为、格力等大型企业，共同组织生源，以行业需求设置招生专班。

二是注重育人、突出育才，全力提升人才培养质量。成立扩招质量监督工作小组，出台扩招人才培养基本要求，投入 0.4 亿元支持 3 805 名教师开展 209 个省级和 447 个校级扩招教改项目研究，建台账、重监管、强督查，确保扩招学生"长技能、好就业"。

三是完善保障、强化措施，全方位保证质量型扩招。加大财政投入，将生均拨款制度落实情况纳入地市履职评价范围，落实高职扩招学生同等享受资助政策。增加高职学位供给，加快省职教城建设，二期工程先行项目完工，新增 2 万学位。出台职业教育"双师型"教师队伍建设改革实施意见，推动学校主动适应扩招新要求，打造"工匠之师"。

7.2 专项引导

广东服务粤港澳大湾区和深圳示范区（以下简称"双区"）建设，组织全省高职院校充分发挥"双区驱动效应"，将工作重点转移到扩容提质和增效赋能上，打造一流高等职业教育，助力"双区"建设。

7.2.1 服务"双区"建设

为服务"双区"建设，教育部、广东省人民政府出台《共同推进粤港澳大湾区教育合作发展支持深圳建设中国特色社会主义先行示范区工作备忘（2019—2020 年）》《推进粤港澳大湾区高等教育合作发展规划》《关于推进深圳职业教育高端发展争创世界一流的实施意见》，支持湾区高等职业教育高质量发展，为建设国际一流湾区和世界级城市群提供强大的人才支撑和智力支撑，全面落实与香港、澳门签订的资历框架、教育培训及人才交流合作意向书，加强湾区产教联盟等 6 个平台建设。深圳职业技术学院与香港职业训练局合作共建"粤港澳大湾区特色职业教育园区"，开展湾区学历教育与非学历教育学习成果认定、积累和转换，推动学分、学历、学位和技能等级互认互通。深圳信息职业技术学院发起并召开了以"构建产教融合新生态释放现代职教新动能"为主题的粤港澳大湾区职业教育产教融合论坛。广东轻工职业技术学院开展粤港澳职教蓝皮书研究，编写《高等职业教育蓝皮书（2020）——对接产业发展的广东省高等职业教育人才需求与专业（群）建设研究报告》。

7.2.2　实施"扩容、提质、强服务"三年行动计划

广东对接国家关于高职教育发展的重点政策、重点任务，组织各高职院校以高等职业教育"创新强校工程"为抓手，组织实施"扩容、提质、强服务"三年行动计划。

一是抓扩容夯基础，筑牢人才培养主阵地。制定和实施《2020年高职扩招工作方案》，组织开展高职扩招专项行动，扩招18万人，扩招专项行动报到率超过93%，高质量完成扩招任务。高效推进省职教城建设，二期工程先行项目已交付5所高校使用、新增2万学位，后续项目全面开工。推进高等教育，提高高等教育毛入学率工程和省属职业院校集团办学，扩大高职学位供给。

二是抓提质强内涵，驶入提质培优快车道。组织国家"双高计划"高职院校完善建设方案，立项首批185个省级高职高水平专业群，启动一流高职院校建设计划验收工作，开展高职"创新强校工程"考核。中高职贯通培养"三二分段"试点招生计划6.5万人、增加40.6%，"三二分段"专升本协同育人试点招生计划1万人、增加68.1%，进一步完善现代职业教育体系建设。出台《关于全面推进高职院校课程思政建设工作的意见》，深化"三全育人"改革，组织开展学生专业技能大赛和教师教学能力大赛。

三是以服务助增值，助推经济社会高质量发展。深化产教融合，校企合作企业2万余家，9家职教集团立项为国家示范职教集团培育单位；76%的高职院校开展现代学徒制试点，全省遴选第一批878家建设培育的产教融合型企业。成立"1+X"证书制度试点工作领导小组，参与学生17万人，考核17万人次，考核数位列全国第一；"粤菜制作""粤点制作"两项专业技能入选国家职业技能等级证书，并立项为省地方标准。落实支持高职院校开展社会服务政策措施，全省高职技术服务到款额4.16亿元、增长18.85%，技术服务产生的经济效益14.79亿元，技术交易到款额0.68亿元、增长26.7%，非学历培训到款额7.05亿元、增长23.48%[①]。

7.2.3　补齐欠发达地区高等职业教育短板

为解决高等职业教育发展不平衡不充分问题，广东落实"7+1"粤东粤西粤北地

---

① 数据来源：2020年数据平台。

区新建扩建高职院校任务，启动 6 所高职院校建设，力争实现每个地市至少拥有一所高职院校，同时安排 1.26 亿元实施一流高职院校结对帮扶计划，组织 19 所高水平高职院校对口帮扶 18 所欠发达地区高职院校。据不完全统计，帮扶院校选派 47 名教师到受扶院校挂职帮扶，选派 229 名专家到受扶院校开展指导，培训 2214 名受扶院校教师，帮助受扶院校开展 68 个高水平专业群建设，协助受扶院校申请并成功立项 33 个省质量工程项目，帮助受扶院校申请 47 项省级以上科研项目，吸纳 18 名受扶院校教师参与 10 项帮扶院校主持的重大科研项目。

7.3 质量保障

广东高职教育多措并举，保障线上教学质量；开展社会需求能力评估，促进高职院校不断提高教学水平和服务社会能力；成立广东省职业院校教学指导委员会，下设多个专业指导委员会，合力推进广东高等职业教育高质量发展。

7.3.1 确保疫情期间线上教学质量

2020 年上半年，广东高度重视，出台线上教学指导性文件，召开网上教学视频工作会议，明确工作要求，落实家庭经济困难学生免费助学流量包支持政策，组织省级以上专业教学资源库和精品在线开放课程免费开放，组织省职教学会和各省教学指导委员会研究制定线上教学指南和资源清单，加强指导服务。各高职院校组织审核教师线上教学计划，常态化开展教学监督检查，强化信息安全，全力做好线上教学组织与管理工作，实现"停课不停教、停课不停学"，确保线上教学质量；加强师资培训，健全激励机制，制定线上教学实施标准，全覆盖开展教师在线授课技术和方法培训，提高教师线上教学能力。

疫情期间，全省高职院校 2.6 万名教师在 2 878 个专业的 2.9 万门课程开展线上教学，覆盖在校生 66.1 万人，92.5% 学生认可线上教学。广东作为两个发言代表之一，在联合国教科文组织国际职业技术教育与培训联系中心主办的"抗击疫情、促进学生发展——中国职教在行动"会议上，介绍经验做法。

7.3.2 组织开展适应社会能力需求能力评估

根据教育部工作部署，广东组织 82 所高职院校开展 2020 年高等职业院校适应社会能力需求能力评估。每所学校抽取 5 个专业，邀请多名校长、15 名教师和 60 名学生开展高职院校适应社会需求能力问卷调查。调查结果显示，全省高等职业院校适应社会能力需求能力明显提升。一是办学基础能力不断提高，生师比、生均实践场所面积、校内实践教学工位数等指标明显提升。二是"双师"教师队伍建设收效显著，教师人数持续增加,"双师型"教师占比持续加大,省级以上教学名师增加。三是专业建设成效显著,国家"双高计划"项目建设成效明显,省示范性高职院校建设项目全面通过验收,学校财政收入水平持续提高。四是学生发展收效显著,在校生规模持续扩大,毕业生初次就业率高位稳定,技能大赛成绩突出,毕业生和用人单位满意度持续提升。五是社会服务效益显著,进入全国高等职业教育服务社会50强学校不断增加。

7.3.3 加强教学指导专家组织建设

2020年底,广东省教育厅组织成立了21个高职专业(课程)教学指导委员会(以下简称"教指委")、11个专项工作指导委员会,教指委成员由各高职院校推荐并实行聘任制,每届3年;同时发布《广东省职业院校教学指导委员会工作指引》,规范各教指委围绕高等职业教育开展调查研究、咨询指导、质量保障和交流服务等,协同推进广东高等职业教育高质量发展。

7.4 经费保障

广东强化经费保障,加大财政投入,全面落实生均财政拨款制度,提高生均财政拨款水平,支持各高职院校全力完成高职扩招任务,改善办学条件,提高人才培养质量。

7.4.1 加大专项资金投入

2020年,广东省本级安排38亿元专项资金或专项债(不含奖、助学资金)用于高等职业教育。其中,安排专项债25.10亿元,用于省职业教育城二期工程先行项目建设;安排省属公办高校提高高等教育毛入学率补助资金8.90亿元,用于省属公办高职扩学位;安排省"高职提水平"资金4亿元,主要用于国家"双高计划"项目省级配套资金、高职教育"创新强校工程"奖补、一流高职院校结对帮扶计划奖补等。

7.4.2 提高生均财政拨款水平

2019年起,省属公办高职生均拨款标准由0.70万元提高到1万元,同比增长43%。2019年,高职总投入230.75亿元,同比增长13.72%;生均一般公共预算教育经费22 122.58元,远高于国家规定的标准(1.20万元),同比增长15.89%。

8 国际合作

8.1 走出去

围绕"中国特色、世界水平"职教发展目标,广东高职院校积极实践"走出去"战略,通过协同政企力量合作办学、服务"走出去"企业、参与国际竞赛等路径,全方位推动中国高职教育走向世界舞台,在服务"一带一路"建设中奏响广东高职强音。

8.1.1 服务"一带一路",国际影响力持续提升

2020年广东省有境外合作办学项目(机构)43个,高职在校生服务"走出去"企业国(境)外实习时间60 190人日,高职专任教师赴国(境)外指导和开展培训时间17 344人日。广东省"一带一路"职教联盟成员单位数达92家,其中高职院校66所,占全省高职院校数量的74%。依托省"一带一路"职教联盟平台,集聚资源、优势互补,广东高职院校不断创新服务路径与策略、拓宽服务内容、丰富服务形式,在提升服务"一带一路"沿线国家能力中持续提升中国职教的国际影响力。

> **案例 32**　　　　　　**强化专业培训,服务"一带一路"**
>
> 为更好地支持"一带一路"建设,推进中菲两国深入交流,广东邮电职业技术学院充分把握中国电信股份有限公司在菲律宾设立合资公司、启动菲律宾PTO项目建设的契机,以企业的现实需求为依托,充分发挥自身优势,将企业技术标准改造为培训标准对外推广,面向不同培训对象设计、实施了各类技术技能培训项目,为通信企业输送属地化人才,为职业教育"走出去"和企业高质量发展提供助力,为"一带一路"建设和职业教育国际化发展贡献通信行业力量。2020年,学校针对菲律宾PTO项目开展的技术技能培训共计培训量达1 806人日,具体包括面向中国通信服务菲律宾分公司监理人员开展线上培训,

开发实施中国通信服务广东公司海外英才训练营和面向中国电信海外人才开展交流培养项目。

广东邮电职业技术学院海外英才训练营实战演练环节

8.1.2 坚定文化自信，职教辐射力逐渐增强

2020年度，广东高职院校学生获各类国（境）外技能大赛奖147项，比2019年增长9.7%。各高职院校积极通过推广各类职教标准、国际交换学生、指导学生参与国际技能竞赛，为师生走向世界职教舞台创造良好环境与条件，多维度地向世界展示中国职教水平、辐射中国职教能量。

案例33　中法学分互认合作，助学生实现海外求学梦

佛山职业技术学院与法国克莱蒙商学院打造中法国际管理"2+2"本科学分互认合作办学项目，内容包括专本衔接国际班大商科人才培养、共建专业与实训基地、师资培训、学生交流等15项对外交流与合作项目，引进国际课程8门、涉外专业5个、外教人数3人。双方拟合作共建实训基地3个，培养国际化师资团队，引进国际知名教育品牌，输出自身优势教育资源，搭建国际化人才培养平台。首届中法国际班项目6名学子开启国际管理本科课程学习，学校严格执行国际班培养方案和管理模式开展教学。2020年6月，3名毕业班学生学业考核合格，成功获得法国克莱蒙商学院入学通知书，开启赴海外求学之旅。

佛山职业技术学院—法国克莱蒙商学院国际管理本科"2+2"项目开班仪式

8.2 引进来

广东高职教育积极借鉴国际先进职业教育经验，加强国际优质职业教育资源引入，不断提升高职教育水平；持续深耕来华留学教育，借助优势专业，把国外留学生吸引到中国职教体系，为世界职教发展贡献中国力量。

8.2.1 汲取先进经验，优质资源利用率持续提高

2020 年，广东高职院校通过国际认证的专业数达 117 个，有中外合作办学项目 94 个，在持续引进国际优秀教学资源、利用人类一切先进成果、不断优化职业教育质量上取得显著成效。一批高职院校通过开展形式多样、内容丰富、各具特色的合作办学，借助国际优质职教资源，联合培养国际化人才。其中广州体育职业技术学院与瑞典斯堪尼亚（SCANIA）有限公司及瑞典斯德哥尔摩交通运输学校（STFG）建立了混合所有制二级学院，联合培养具有国际竞争力的商用车维修与服务的高端人才。

8.2.2 国际人才培养，中国职教贡献率日益凸显

2020 年度，广东高职院校接收境外留学生 984 人，接收境外短期来访学生 1 195 人，专任教师赴国（境）外开展指导与培训共计 17 344 人日。一批高职院校持续深耕

来华留学教育，推动留学生教育由语言学习与培训为主逐步向学历教育为主转变，为全球职业教育发展贡献了中国力量。如深圳职业技术学院2019—2020学年共招收来自33个国家的留学生207人次；广东轻工职业技术学院开设了国际经济与贸易等4个专业的国际学生三年制学历教育，在校学历教育国际生共69人。

案例34　拓展来华留学教育，弘扬中医药传统文化

广东食品药品职业学院2020年招收了首届11名老挝留学生来校参加学历教育，所学专业均为老挝社会发展最急需的"紧缺"专业。留学生的到来，丰富和创新了学校国际化人才培养模式，有效推动了学校进一步构建开放、多元、优质的国际教育生态环境。同时，为帮助海外华人抗疫，该校还应邀面向旅居丹麦的近500名华人华侨开设线上药膳防疫专题讲座，得到驻丹麦使领馆、侨团和当地同胞的热烈欢迎与一致好评。

广东食品药品职业学院欢迎老挝留学生

8.3 共发展

在积极引进优质资源和输出中国职教标准的同时,广东高职院校也越来越注重搭建资源,互通共享平台,主动融入各类国际性组织,协力打造国际职教发展共同体,为人类命运共同体在职业教育人才培养上体现出广东担当。

8.3.1 借助比较优势,构建职教发展共同体

广东是中国制造业的主力军之一。2020年广东高职院校依托"中国制造",开发并被国(境)外采用的专业教学标准数为72项,其中新增22项,增幅44%;开发并被国(境)外采用的课程标准数为259项,其中新增43项,增幅19.9%。2020年广东共有两批次11个学校入选教育部中外人文交流中心"智能制造领域中外人文交流人才培养基地项目"(见表11)。此外,通过对15个院校的抽样调查发现,它们自发与国外院校、企业和机构共建共享教育基地、培训基地和实训中心36个。如广东轻工职业技术学院管理学院与美国饭店协会教育学院合作,广东食品药品职业学院依托美国G2集团成立一个培养基地和一个技术中心。各院校依托各具特色的平台,不断开发多用途,与海外特别是"一带一路"国家的职教利益共生性不断增强。

表11 入选教育部"智能制造领域中外人文交流人才培养基地项目"名单

序号	学校名称	序号	学校名称
1	顺德职业技术学院	7	广州工程技术职业学院
2	佛山职业技术学院	8	广东环境保护工程职业学院
3	广东机电职业技术学院	9	广州华立科技职业学院
4	广州民航职业技术学院	10	江门职业技术学院
5	中山火炬职业技术学院	11	广州科技贸易职业学院
6	汕尾职业技术学院		

案例35

创新思路,共建共享同发展

广东农工商职业技术学院与广东省广垦橡胶集团有限公司、马来西亚留华同学会砂拉越总会、砂拉越泗里奎民立中学共同筹建农业产业学院,开办热带作物生产技术专业预科班,预科毕业可直接升读该校,广垦橡胶集团有限公司优先给予聘用。广东职业技术学院与越南百宏责任有限公司合作设立了广东职业技术学院越南百宏纺织应用技术学院,与柬埔寨服装培训学院、柬埔寨中国

纺织协会和柬埔寨制衣协会四方共建柬埔寨纺织服装教育基地，先后向越南百宏责任有限公司输出海外管理人员、技术骨干14人，派出13位教师对越南和柬埔寨的纺织服装管理、技术人员培训100余人次。

广东农工商职业技术学院在马来西亚与合作伙伴筹建海外农业产业学院

8.3.2 融入国际组织，形成国际职教共享面

通过和国际组织的积极合作，学校层面积极加入国际专业性组织，在此基础上不断强化师资国际影响力，2020年广东省共有303位高职院校教师在不同国（境）外专业性组织担任职务，新增52人，增幅达20.70%，逐渐形成了国际职教共享面，为国内外的专业性互动、共享、相通打下坚实基础。如中国民用航空局组织广州民航职业技术学院与国际航空运输协会（IATA）加拿大总部、北亚地区安全与航行事务部、英国培训机构和中国南方航空公司企业代表举办航空器重量与平衡控制培训工作研讨会。茂名职业技术学院作为职业院校代表应邀出席2020年1月举行的AHK中德化工产教融合论坛和2020年7月举行的AHK中德化工职业教育委员会2020年年会。

> **案例 36**　**云发布国际网络教育学院，齐助力亚非国家职教发展**
>
> 2020年4月，由联合国教科文组织高等教育创新中心（中国深圳）主办，深圳职业技术学院和深圳信息职业技术学院与亚太和非洲11所顶尖高等院校、中国2所高等院校及8家高科技企业共同发起的"国际网络教育学院"（International Institute of Online Education，IIOE）正式在云端发布，助力发展中国伙伴院校的教师提升ICT应用能力、建立混合式学习和在线学习的能力。深圳职业技术学院和深圳信息职业技术学院将分阶段提供精品英文在线课程，向国际社会贡献中国高职教育产品与服务。

"国际网络教育学院"的共同发起方授牌

9 服务贡献①

9.1 服务国家战略

广东组织高职院校强力担当，充分发挥自身优势，通过人才培养、技术服务、教育培训等，服务国家重点领域、脱贫攻坚、乡村振兴、走出去等国家和省重大发展战略。

9.1.1 服务重点领域

广东对接重点领域产业需求，促进高职教育和产业人才需求精准对接。一是服务制造强国建设。实施"广东技工"工程，优先发展制造业相关专业，职业院校理工类专业在校生占比超过42%；高职扩招专项行动中，装备制造、电子信息大类录取数1.6万人、占比17.2%。二是服务现代服务业、现代农业和民生领域。扩大招生规模，优先纳入高职高水平专业群等省项目支持范围，优先开展招生改革，加大经费支持力度。

9.1.2 勇于担当，助力脱贫攻坚圆满收官

2020年是国家脱贫攻坚的收官之年。广东深入贯彻国家和省精准扶贫工作部署，实施职业教育"东西协作行动计划"，支援西藏、新疆等8省区，创新协作机制，牵头组建"职业院校对口支援协同发展联盟"，组织60家高端企业到毕节市召开"广东—贵州产教融合促进大会"，探索产教融合"东西协作"新模式。"十三五"期间，全省高职院校共派出数十支扶贫工作队伍、数百名扶贫干部、数万名职教师生奔赴贫困乡村，他们用青春、用爱心、用知识、用技术、兴产业、优生态、强教育，在扶贫一线谱写了自己华丽的人生篇章，涌现出了诸如七年坚守扶贫一线的广东省劳动模范梁东孝、感动广州的最美教师江富强、获"广东好人"提名的优秀毕业生林常威等一批扶贫先进人物。

---

① 除特别说明外，本部分所有数据均来源于2020年广东省高职质量年报指标表1至表6数据。

案例 37　　七年坚守扶贫一线，信念铸就劳动模范

中山火炬职业技术学院教师梁东孝自 2013 年 4 月至今，用辛勤的汗水、无悔的付出、执着的信念坚守扶贫攻坚一线七年。他 2013—2015 年驻肇庆市德庆县四围村，帮扶 69 户贫困户收入从人年均 2500 元提高到 1.1 万元，通过各种增收方式助力村集体年收入从 0.69 万元提高到 23 万元；2016 年后驻肇庆市广宁县大良村，带领贫困户建造 12 个控温大棚种植黑皮鸡枞菌，解决老弱贫困户 30 人和农户 30 人就业，帮助大良村 207 人全部脱贫。梁东孝扶贫事迹的微视频被"学习强国"这一学习平台展播，同时他也被评为中山市扶贫开发"双到"工作优秀个人、"中山好人"、2020 年广东省劳动模范。

中山火炬职业技术学院梁东孝老师在扶贫一线

9.1.3　精准施策，服务乡村振兴成效显著

广东出台高校服务乡村振兴科技创新行动实施方案等政策文件，推动高职院校精准施策，为城乡融合发展、新型城镇化和乡村振兴提供了强有力的人才保障、智力支持和技术支撑。2020 年，全省高职院校共完成新型职业农民培训 7.57 万人日，高职扩招专项行动录取学生近半来自农村。广东茂名农林科技职业学院、河源职业技术学院、广东农工商职业技术学院等十余所高职院校组织了数十支农村科技特派员队伍助力乡村振兴；广东科学技术职业学院、广东交通职业技术学院、广州城市职业学院等

院校组织了"乡村新媒体宣传与扶贫"等志愿者"三下乡"团队,将学生社会实践与乡村振兴有机结合;广州华夏职业学院、广州康大职业技术学院等院校结合地方特色和专业优势,充分发挥"科普、技术、智库"作用,为乡村振兴出谋划策。

> **案例 38**
>
> **多措并举,助力乡村振兴**
>
> 河源职业技术学院为发挥科技下乡示范效应,切实提升农业生产技术水平,推动实施乡村振兴战略,打赢脱贫攻坚战,推进农业农村现代化,2020年共向企业、乡村派出科技特派员32名,主动为近90家企业(工业园区)开展科技服务活动,在源城区埔前镇双头村共建农产品快速检测中心,打通河源市农产品安检"最后一公里",从源头上严把农产品质量安全关,受到省、市各级媒体的报道。

河源职业技术学院农产品快速检测中心揭牌仪式

9.1.4 增值赋能,助推中国企业"走出去"

广东高职院校充分发挥广东作为对外开放前沿阵地的地缘优势,为"走出去"企业提供国际化技术技能人才培养、"中文+技能"本土化员工培训、技术咨询与培训服务。2020年,全省高职院校为华为等世界500强企业输送国际化技术技能人才10 093人,共完成境外培训388 653人日,派出专任教师和研究人员303人次赴国外开展技术服务和培训,有力支撑了中国企业"走出去"。

9.2 服务"双区"示范建设

2020年,广东高职院校持续贯彻落实国家粤港澳大湾区和深圳先行示范区建设工作部署和要求,加强项目研究与战略规划,搭建大湾区合作平台与基地,创新合作机制与模式,有力推动了粤港澳大湾区和深圳先行示范区建设。

9.2.1 规划项目,深化"双区"发展战略研究

2020年度,广东高职院校围绕"双区"建设,共承担了教育部人文社科研究等国家级课题8项、广东省哲学社会科学规划、广东省教育科学"十三五"规划等省级课题100项,地市级课题数百项,研究涉及粤港澳协同创新机制、教育合作机制、应用技术研发合作等多个领域,为"双区"建设和发展,尤其是职业教育领域的协同发展提供了有力的智力支持。

9.2.2 搭建平台,推动"双区"产教融合发展

广东高职院校积极加强与港澳地区教育界和产业界的合作,牵头组建包括粤港澳大湾区职业教育产教联盟、粤港澳大湾区职业教育研究中心、粤港澳大湾区产业发展研究中心等10余个交流与合作平台,广泛开展技术技能人才培养、师资交流、应用技术研发、员工培训等方面的合作。深圳职业技术学院与香港职业训练局就共建"粤港澳大湾区特色职业教育园区"已达成合作协议,制定《深圳职业技术学院与香港职业训练局联合学院申办方案》《粤港澳青年学生交流与创新发展联盟建设方案》,职教园区的建立将为"十四五"期间湾区"打造更高水平的高质量发展动力源"贡献力量。

9.2.3 打造基地,促进湾区文化交流融合

广东高职院校积极响应广东省委、省政府创建文化强省、加强粤港澳大湾区文化交流的号召,以岭南文化、广府文化传承与创新为核心,通过培养岭南文旅人才、建立文化交流基地、开展文化交流活动等多种形式,促进湾区文化交流融合。

案例39　　传承岭南特色文化,助力湾区融合发展

广州番禺职业技术学院与广州岭南国际企业集团有限公司以共建广州旅游产业学院为基础,围绕"人才培养、就业创业和文化传承"的共同目标,优势互补、紧密合作,为大湾区经济社会发展培养出高素质、创新型技术技能人才,打造岭南旅游和文化交流基地,推进岭南文化传承与发展。顺德职业技术学院

举办首届粤港澳大湾区青年"滋味湾区"美食文化比赛活动，活动由以"源·滋味"为主题的演讲比赛、以"粤·滋味"为主题的厨艺比赛，以及"滋味湾区"美食文化研学之旅三大主题活动组成，吸引了大湾区各城市近300名青年参加。活动加深了湾区青年对岭南饮食文化的认识和理解，提高了湾区青年的文化认同感、家乡归属感，让新一代青年在充满人文关怀的环境下融合交流。

广州番禺职业技术学院广州旅游产业学院揭牌仪式

9.3 服务广东创新发展

广东高职院校持续增强服务本地经济社会发展的能力，聚焦"广东技工""粤菜师傅""南粤家政"三大民生工程，开展技术技能人才培养，搭建高水平应用技术协同创新中心和工程技术中心，人才供给能力和应用技术服务能力明显增强。

9.3.1 立足当地，人才培养助力区域发展

2020年，全省高职在校生人数为117.80万人，较2019年（89.40万人，不含2019年扩招2020年春季班学生）增加了28.40万人，增幅为31.80%；为社会输送优秀毕业生27.36万人，较上一年增加1.23万人，高职教育人才供给能力明显增强。截至2020年9月1日，全省高职应届毕业生就业人数为24.43万人，其中留在当地就业13.24万人，占比54.20%，雇主满意度为96.58%，毕业生本地就业比和雇主满意度持续保持在较高比例（见图14），高职教育成为本地行业企业技术技能人才的主要来源，有力支撑了区域经济社会发展。

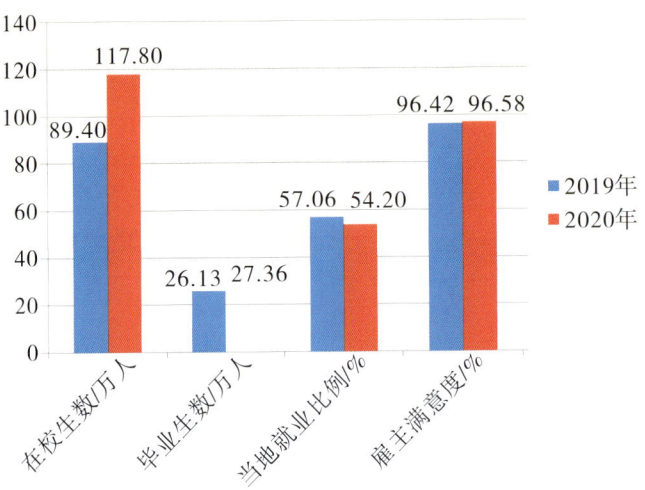

图 14　2019—2020 年广东省高职院校人才供给情况

9.3.2　紧扣需求，育训并举服务民生工程

广东高职院校主动服务"广东技工""粤菜师傅""南粤家政"三大民生工程，育训并举，面向行业企业、社区、农民工等开展职业教育培训服务。一是克服新冠病毒肺炎疫情困难，创新线上线下教育培训方式，全年共完成各类培训累计 457.36 万人日，其中，技术技能型培训 198.31 万人日。二是围绕三大民生工程，创办产业学院，增加专业布点，加大培训力度，全省职业院校提供了约 75% 的新增技术技能人才，比 2015 年提升了 5 个百分点，成为培养产业生力军的主阵地。目前，开设粤菜制作相关专业的院校达 16 所，在校生数超 2.5 万人。"南粤家政"技术技能人才年培养量达 2.5 万人。

> **案例 40**　　**培养培训双驱动，助力广东"三项"工程**
>
> 2020 年 8 月，广东省外语艺术职业技术学院成立广东省首家"粤菜师傅"产业学院，共开设餐饮类、旅游类的烹调工艺与营养、中西面点工艺、西餐工艺、酒店管理等 4 个专业。2020 年，广东碧桂园职业学院共举办粤菜师傅培训班 5 期，培训学员共 216 人，其中贫困户 45 人，通过培训实现就业创业 169 人；举办南粤家政培训班 11 期，共计培训 656 人，其中贫困户 67 人，实现上岗就业 585 人。中山职业技术学院依托省级"粤菜师傅"培训基地开展"广府风味菜烹饪""广式点心制作"培训共 5 期，培训人数逾 300 人，带动就业近 400 人。

广东"粤菜师傅"产业学院揭牌仪式

9.3.3 聚焦产业，技术服务助推企业升级

广东高职院校聚焦区域支柱产业发展需求，加大技术技能创新积累平台建设力度。截至 2020 年底，全省高职院校拥有教育部高校协同创新中心、省工程技术中心、高校工程技术研究（技术开发）中心、广东省高校协同创新中心在内的省级以上技术技能创新积累平台 107 个[①]，年度技术服务到款额 4.16 亿元，比上一年增加 0.66 亿元，增幅达 18.86%；技术交易到款额 6 829 万元，比上一年增加 1 439 万元，增幅达 26.7%；技术服务产生的经济效益达 14.79 亿元。

> **案例 41** 搭建"三层次"科技平台，助力轨道交通产业技术升级
>
> 广州铁路职业技术学院主动对接轨道交通产业链中、下游产业的装备制造、工程技术、维修维护、通信信息等技术领域，按照产业咨询、实验测试、产学研用三个层次，搭建了"三层次"技术创新服务大平台，已建成服务轨道交通产业高端的 3 个国家级协同创新中心、1 个省级工程技术中心和 1 个共享型市级重点实验室。2020 年度，学校获得省级以上科研项目 38 项，开展横向技术服务项目 56 项，获得专利授权 86 项，横向技术服务到款额 1 607.19 万元，为企业产生直接经济效益 1 009 万元，营业额超过 2 亿元，成为粤港澳大湾区轨道交通产业结构升级和综合交通体系建设的重要技术支撑。

---

① 含教育部《高等职业教育创新发展三年行动计划（2015—2018 年）》认定的应用技术协同创新中心 37 个，广东省科技厅及教育厅认定的各类科研平台及工程技术中心 70 个。

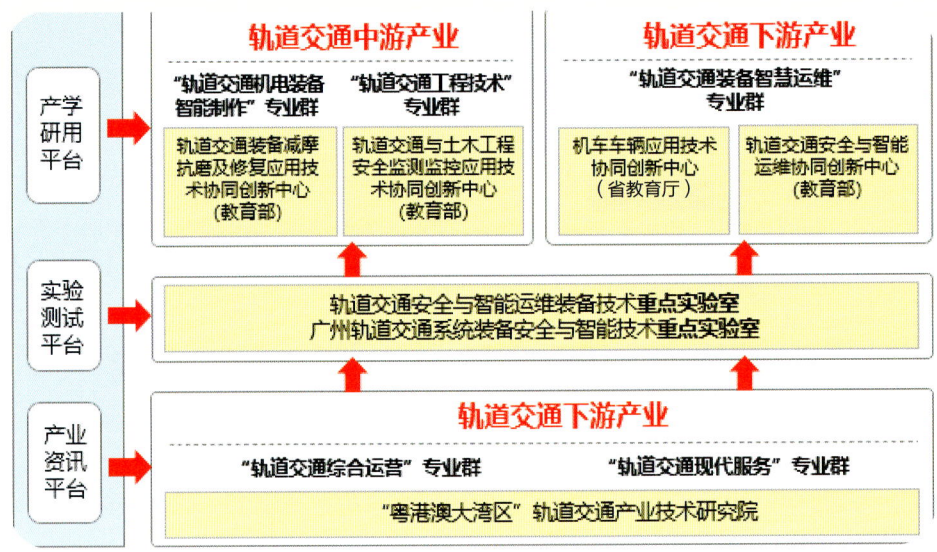

广州铁路职业技术学院"三层次"科技创新平台框架图

10 面临挑战

10.1 新型冠状病毒肺炎疫情迫使高职院校进一步提质培优

2020年突如其来的新型冠状病毒肺炎疫情给我国经济发展带来重创。广东作为全球制造业"工厂"和中国对外开放的"枢纽",更是受到严重的影响,许多企业面临生产经营压力,岗位需求大量缩减,给高职院校毕业生就业带来了诸多不利影响。

高职院校要主动适应国内国际双循环新发展格局,服务广东产业复苏,综合施策,提质培优,增值赋能,以质图强,提高人才培养质量,提升毕业生就业竞争力。一是要聚焦培育发展战略性支柱产业集群和新兴产业集群,进一步完善专业随产业发展动态调整机制,加快推进人工智能、工业互联网等新专业建设,用信息技术改造传统专业,加强特色专业群建设,避免专业同质化建设,提升专业内涵建设水平。二是要主动适应产业变革对技术技能人才的新要求,深化校企合作,全面推行订单培养、现代学徒制试点等"校企精准对接、精准与人"模式,培养学生就业核心竞争力。

10.2 持续扩招要求高职院校进一步改革培养模式和管理模式

李克强总理在《2020年政府工作报告》中提出,今明两年高职院校扩招200万人。扩招前,高职院校生源主要为普通高中和中职应届毕业生。扩招后,生源群体多样化,有退役军人、下岗失业人员、农民工、高素质农民等各类社会人员,而社会人员边工作边学习,学习时间难以保证,学习基础参差不齐,教学管理难度较大。高职扩招给高职原来的人才培养模式和管理模式带来了巨大的挑战。

高职院校要把高职扩招作为深化改革发展的新动力,主动适应生源结构变化带来的人才培养、教学管理等方面的新要求和新挑战,深化培养模式和管理模式,提升教学管理水平,提高人才培养质量。一是要系统开展高职扩招学生学情分析,分类制定针对性、适应性和实效性较强的人才培养方案。二是要坚持因材施教,突出技能培养，创新教学组织形式，实行灵活多元教学模式，开展高职扩招教学改革研究与实践。三是要完善高职扩招管理制度，深化人才培养机制改革，实施学分制管理改革，有序开展各类学习成果学分认定、积累和转换。

附　表

附表1　学生发展

序号	指　标	单位	2020年
1	毕业生人数	人	273 603
	其中：就业人数	人	244 303
2	毕业生就业去向：	—	—
	A类：留在当地就业人数	人	132 366
	B类：到西部地区和东北地区就业人数	人	1 660
	C类：到中小微企业等基层服务人数	人	171 641
	D类：到500强企业就业人数	人	10 093
3	初次就业率	%	89.20
4	理工农医类专业相关度	%	66.98
5	月收入	元	3 581.00
6	自主创业比例	%	0.70
7	雇主满意度	%	96.58
8	毕业三年职位晋升比例	%	45.80
9	母校满意度	%	95.70

附表2　办学条件

序号	指　　标	单位	2020年
1	生均教学科研仪器设备值	元	11 581.39
2	生均教学及辅助、行政办公用房面积	m^2	14.94
3	生均校内实践教学工位数	个	0.74
4	年生均财政拨款水平	元	22 123.00
	其中：年生均财政专项经费	元	6 779.60
5	企业提供的校内实践教学设备值	万元	36 907.76
6	年生均校外实训基地实习时间	人时	121.95
7	生均企业实习经费补贴	元	1 360.69
	其中：生均财政专项补贴	元	270.98
8	生均企业实习责任保险补贴	元	20.45
	其中：生均财政专项补贴	元	4.61
9	主要办学经费来源（单选）： 省级（　）地市级（　） 行业或企业（　）其他（　）		

附表3 教育教学

序号	指标	单位	2020年	
1	教职员工额定编制数	人	41 514	
	在岗教职员工总数	人	58 238	
	其中：专任教师总数	人	42 951	
2	生师比	—	16.41	
3	"双师"素质专任教师比例	%	66.70	
4	高级专业技术职务专任教师比例	%	29.27	
5	企业兼职教师年学时总量	学时	2 324 498.50	
	年支付企业兼职教师课酬	元	135 357 598.00	
	其中：财政专项补贴	元	40 937 075.90	
6	教学计划内课程总数	门	77 430	
	其中：线上开设课程数	门	39 836	
	线上课程课均学生数	人	247.30	
	教学满意度			
			一年级	二年级
7	（1）思想政治课 调研课次	课次	189 340	143 731
	满意度	%	94.69	93.75
	（2）公共基础课（不含思想政治课） 调研课次	课次	278 676	177 064
	满意度	%	94.57	93.28
	（3）专业课教学 调研课次	课次	272 493	378 471
	满意度	%	94.65	92.75

附表4　科研与社会服务

序号	指标		单位	2020年	备注
1	技术服务到款额		万元	41 634.58	—
	技术服务产生的经济效益		万元	147 965.72	—
2	纵向科研经费到款额		万元	26 828.03	—
3	技术交易到款额		万元	6 829.00	—
4	非学历培训服务		人日	45 73616	—
	其中	技术技能培训服务	人日	1 983 090	—
		新型职业农民培训服务	人日	75 738	—
		退役军人培训服务	人日	57 383	—
		基层社会服务人员培训服务	人日	656 367	—
	非学历培训到款额		万元	70 194.77	—

附表5　国际交流

序号	指标	单位	2020年	备注
1	国（境）外人员培训量	人日	388 653	—
2	专任教师赴国（境）外指导和开展培训时间	人日	17 344	—
3	开发并被国（境）外采用的专业教学标准数	个	72	—
	开发并被国（境）外采用的课程标准数	个	259	—
4	国（境）外技能大赛获奖数量	项	147	—
5	国（境）外办学点数量	个	17	—

后 记

根据教育部职业教育与成人教育司《关于做好 2020 年高等职业教育质量年度报告编制、发布和报送工作的通知》（教职成司函〔2020〕37 号）要求，广东省教育厅发布了《广东省教育厅办公室关于编制、发布和报送高等职业教育质量年度报告（2021）的通知》及补充通知，委托省教育研究院成立编制工作组，省教育研究院组织编制了《广东省高等职业教育质量年度报告（2021）》（以下简称《省级年报》）。《省级年报》作为响应"职业教育质量年度报告制度"的重要组成部分，常态性向社会公开广东省职业教育办学情况。《省级年报》包括"特色亮点""抗疫行动""发展概况""学生发展""教学改革""产教融合""政策保障""国际合作""服务贡献""面临挑战"等 10 个部分，其中"抗疫行动"部分是为了体现广东省高职院校在 2020 年新型冠状病毒肺炎疫情突发时的积极应对和责任担当的新增部分。《省级年报》总体内容充分展示了广东省高职教育在 2020 年取得的成就，也是对《国家职业教育改革实施方案》和《广东省职业教育"扩容、提质、强服务"三年行动计划（2019—2021 年）》（粤府办〔2019〕4 号）的实施成效的具体展现。

广东省教育研究院为做好《省级年报》数据表"学生反馈表"的采集工作，持续三年开展全省学习情况调研，今年通过广东省社会发展科技协同创新体系建设项目——广东省教育科技协同创新中心研究成果"职业教育数据分析系统 V1.0"（项目编号：2019B110210001）对 33 万余名高职学生进行了调查，并进行大数据分析，丰富了《省级年报》内容。除编制《省级年报》外，广东省教育研究院还指导了全省 89 所高职院校开展学校年报编制工作，并针对全省的《高职院校质量年度报告（2021）》（即《院校年报》），以及《企业参与高等职业教育人才培养年度报告（2021）》进行了合规性检查和反馈，推进各高职院校高质量完成《院校年报》编制。

《省级年报》在编制过程中得到省教育厅职业教育与终身教育处吴艳玲处长、张坚雄副处长等领导的精心指导，也得到厅就业指导中心等处室的大力支持，更得到了广州市教育研究院、东莞职业技术学院、广东工贸职业技术学院、广东华商职业学院、广东交通职业技术学院、广东科贸职业学院、广东科学技术职业学院、广东生态工程职业学院、广东职业技术学院、广东农工商职业技术学院、广州番禺职业技术学院、广州华夏职业学院、广州铁路职业技术学院、深圳信息职业技术学院、深圳职业技术学院、顺德职业技术学院、中山火炬职业技术学院、广东水利电力职业技术学院、广东建设职业技术学院的全力支持，在此对为《省级年报》编制做出贡献的领导和专家一并表示衷心的感谢！也借此机会，感谢广东高等教育出版社钱丹、曹容娟等同志长期以来对《省级年报》出版工作的支持。

由于水平和视角所限，疏漏和不足之处敬请社会各界人士指正。

《广东省高等职业教育质量年度报告（2021）》编制工作组

2021 年 4 月